THE ILLUSTRATED

St. Croix News.

No. II. Vol I]   [One piece of Eight.

The Crops. The late abundant rain (which has been followed up by several showers) has revived the hopes of the planters. The cane patches already show the influence of these timely sprinklings and the pasture lands look more abundantly verdant than ever. A portion of pasture land

Mills are kept in operation This use of the mules and jacks in grinding, gives rise to many curious and characteristic scenes. The large droves consisting of from 20 to 30 animals are generally in keeping of two half-clad lads. who armed with immense whips – (long rope-lashes attached to short wooden handles) either stand

the proprietor of the ... and
and supervises as ...
Our c... ...
for travelling about ...
procured horses, and on the way to the ...
after a warm ride, we came upon Mah...
was a pretty little shaded spot, where ...
and sent a boy up one of the trees for Coc...
a cool and long drink was enjoyed.
picturesque looking old Negro, known as "...
seated under a tree plaiting Mats – an...
beyond, upon the bay, were to be seen a ...

St. Croix St. Thomas St. John

HENRY MORTON

Sketchbook & Diary   1843-44

ST. CROIX ST. THOMAS ST. JOHN
HENRY MORTON

Danish West Indian Sketchbook and Diary · Skitsebog og dagbog fra Dansk Vestindien
1843-44

Publishers: Dansk Vestindisk Selskab & St. Croix Landmark Society 1975

© 1975 Danish West Indian Society / Dansk Vestindisk Selskab, Copenhagen ISBN 87-980249-2-2

CONTENTS:

INDHOLD:

PREFACE

From the time these valuable, historic sketches and paintings were done by the artist in the Danish West Indies in the winter of 1843–1844, until brought together again for this publication they have had their own interesting odyssey. When the artist, the Reverend Henry Jackson Morton, left the island in May of 1844 after a visit of several months he took his original sketchbooks and diary home to Philadelphia and there they remained for a century and a quarter, perhaps forgotten in a trunk. Fortunately, they were handed down through several generations until some inheritor unknown to us sold the entire collection to an equally unknown buyer.

Eventually, the drawings and diary were purchased by rare book and print dealers who had known and loved St. Croix. They, in turn, contacted members of the St. Croix Landmarks Society and others who might be interested in preserving the material for the islands which had so inspired the artist. The drawings of St. John and St. Thomas, as well as the artist's pictorial diary which related his experiences on all three islands, were first acquired separately by three private collectors. The St. Croix Landmarks Society, with the help of several individual members, later purchased the bulk of the collection, nearly 60 sketches or paintings of that island.

Finding itself in possession of unique, original historical material, unpublished and unknown to the public or to historians, the Society began tentative plans to bring all these rediscovered originals together again for publication in the form of a sketchbook. The various owners were enthusiastic and cooperative.

Equally cooperative was the Danish West Indian Society when it was suggested that it might like to share in the venture as it had often worked closely on historical and museum projects with the Landmarks Society and the Friends of Denmark group on the islands. The Danish West Indian Society, with headquarters in Copenhagen, has a membership keenly interested in today's Virgin Islands. Some members were born on the islands before these Danish possessions were sold to the United States in 1917. Among their members and other Danish visitors to the islands in recent years have been representatives of the Royal Library, the Royal Archives, architectural historians, top museum and government officials, historians and writers.

The interest of the Danish West Indian Society members in the publication was dynamic; they offered not only to join in the project but to contribute the expertise of specialists to the design, layout and printing. They provided also a Danish translation of the English text when it was further decided to publish in the two languages.

May our readers and viewers enjoy these evocative pictorial pages as much as the two Societies have enjoyed working together again to present these fortuitous discoveries to the public.

FORORD

De værdifulde historiske akvareller og tegninger, som det er lykkedes at samle til nærværende publikation, har siden den vinter i 1843-44, da de blev til i Dansk Vestindien, gennemlevet deres egen begivenhedsrige Odyssé. Da kunstneren, hvis navn var Henry Jackson Morton, efter et månedlangt ophold på øerne i maj 1844 rejste hjem til Philadelphia, medbragte han sine originale skitsebøger og sin dagbog, og dér forblev begge dele i over hundrede år, sandsynligvis gemt og glemt i en kuffert i et pulterkammer. Heldigvis blev de i familien gennem flere generationer, indtil hele samlingen blev solgt af en os ukendt arving til en os lige så ukendt køber.

Lidt efter lidt blev tegningerne og dagbogen opkøbt af antikvarboghandlere, som kendte og holdt af St. Croix. De kontaktede igen medlemmer af St. Croix Landmarks Society og andre, der var interesserede i at bevare kulturminderne fra de øer, som i så høj grad havde inspireret kunstneren.

Først erhvervede privatsamlere separat tegningerne fra St. Jan og St. Thomas samt Mortons dagbog med billeder og beretning om hans oplevelser på øerne, og senere købte St. Croix Landmarks Society med hjælp fra adskillige af sine medlemmer hovedparten af samlingen, der bestod af op til tres tegninger og akvareller fra St. Croix.

Selskabet var således i besiddelse af et enestående upubliceret historisk materiale, som var offentligheden og historikerne ubekendt, og gik i gang med atter at samle alle disse genfundne originaler med udgivelsen af en »skitsebog« for øje. De forskellige privatejere bifaldt tanken og viste sig yderst samarbejdsvillige.

Lige så samarbejdsvillig var Dansk Vestindisk Selskab, der jo ofte havde haft et nært samarbejde med Landmarks Society og sammenslutningen Friends of Denmark om historiske og museumsmæssige anliggender. Dansk Vestindisk Selskab, der har hovedsæde i København, har en medlemskreds, som er ivrigt interesseret, også i Virgin Islands af i dag. En del medlemmer er født på øerne, før disse i 1917 blev solgt til U.S.A.. Blandt selskabets medlemmer og andre danske, der har besøgt øerne for nylig, befinder sig repræsentanter fra Det kgl. Bibliotek, Rigsarkivet, bygningshistorikere, museumsfolk og embedsmænd, historikere og forfattere.

Dansk Vestindisk Selskabs interesse for nærværende publikation var entusiastisk; det tilbød ikke alene at deltage i projektet, men også at stille specialisthjælp til rådighed hvad angik publikationens tilrettelægning, lay-out og trykning. Selskabet sørgede også for en dansk oversættelse af den engelske tekst, da det besluttedes at udsende publikationen på begge sprog.

Måtte læserne glæde sig lige så meget over det stemningsfyldte værk, som de to selskaber har glædet sig over det samarbejde, som har resulteret i, at det materiale, der blev opdaget ved en tilfældighed, nu kan offentliggøres.

THE ARTIST AND THE ISLANDS

By Florence Lewisohn

The Reverend Henry Jackson Morton, an artist with a keen eye and a joyous spirit, came to the Danish West Indies from Philadelphia in the winter of 1843–1844 with his family for the sake of the health of his brother, Quincy. It is to the everlasting good fortune of these present day U.S. Virgin Islands that his numerous sketches, paintings and an illustrated diary of St. Croix, St. Thomas and St. John were discovered recently. They are here presented as an invaluable historical and pictorial record.

The visiting minister, his wife Helen and his eight year old son, Henry Jr., who was later to become more famous than his father, along with brother Quincy, settled in as guests of the Anglican minister, Mr. Flavel Mines, in his Frederiksted parish house on St. Croix. Old records indicate that at this time the house in use for the parish was on Strand Street.

Sketching and painting were not new to the Reverend Henry Morton. As a young man his talent for drawing had resulted in his becoming the only non-professional member of the well known Philadelphia Sketch Club. From this eminent group evolved the later Philadelphia Century Club, which then in time be-

The Reverend Henry Morton

came the famous Philadelphia Academy of Fine Arts.

The Mortons had been a New York family since the time in 1761 when an ancestor arrived as a British soldier and stayed to become a rebel in the Revolution. Henry himself was born in New York in 1807, where he later attended Columbia University and the General Theological Seminary. Ordained as a minister, he moved to Philadelphia to become the assistant to the Bishop at St. James Episcopal Church there. Six years later he was Rector, and after 50 years with this title he resigned to be Rector Emeritus. He must have been a hard worker and a respected, beloved man of public spirit for he gathered in honorary degrees, published many writings, and was elected a Trustee of the University of Pennsylvania shortly after his West Indian visit.

No one would have surmised that winter on St. Croix that the son, young Henry Jr., would become a noted physicist, chemist, lawyer and eventual President of the Stevens Institute of Technology. Like his father, he had an observing eye and an artistic bent. While still in college he became one of the translators of the then sensational Rosetta Stone, and in 1858 was to illustrate profusely a book on this with his own lithography of the hieroglyphics and many original scenes.

The Rector, age 36 in 1843, approached the West Indies with delight, curiosity and the keen observation which are all so clearly reflected in these drawings. He left us the most complete single record of any of the many artists who over the centuries tried to capture the islands' unique tropical ambience. He was obviously no staid clergyman, but a man very alive, aware of the nuances of his surroundings and having a thoroughly good time on his »sabbatical«.

Surrounded by easy-going islanders and the novelty of lush scenery the visiting minister turned artist. From his pencil and brush flowed the joy of his daily encounters and discoveries. He did not anticipate drawing for posterity, yet his slightest sketch, dashed off to catch the movement of a street scene or the drowsy noonday quality of a rural landscape shows lyrical skill and talent. Although probably always the gentleman-amateur as artists go, his more finished drawings and delicate washes and watercolors in the style of the period have a competence and sureness which reflect years of practice.

An irrepressible sense of humor crops up in these vignettes, particularly in the diary of the trip he took aboard the *Mercurius* to St. Thomas and St. John. Shipboard life, excursions ashore, the island aristocrats and slaves, street scenes and picturesque countryside all provided spontaneous outlet for his humor and curiosity. Even the invalid brother Quincy is depicted with appealing zest.

Luckily, our artist was impressed with the famous island sugar plantations and their Greathouses for in these drawings he has left us an invaluable pictorial record of places and persons heretofore only imagined. His portraits bring alive men and women who once were only names in archival records and give us glimpses of the clothing they wore in which current European styles were modified to suit the climate.

The rediscovered »lost« pictures, unknown either to island or Danish historians until recently, now fill in many gaps in our knowledge, not the least of which is in letting us see exactly how certain famous old estates which now lie tumbled into ruins once looked a century and a third ago.

The St. Croix so enjoyed by the Mortons was long past its heyday of exuberant prosperity which had made it a legendary place of sugar and rum and luxurious living. This period had lasted from the 1750s to the early 1800s. The decline came gradually, brought on by the Napoleonic Wars, worldwide depressed markets, the sugar beet and a few droughts.

When Henry Morton sketched the aristocratic Governor-General Peter von Scholten at his desk in Government House in Christiansted, no one could have anticipated that this man a few years later would be both honored and vilified for his personal decision to free the slaves when revolt threatened in 1848. St. Croix was, then, in this winter of 1843–1844 an island filled with restless slaves and even more restless sugar estate owners plagued with mountainous debts and worries about losing all they had if Emancipation came, yet living still in the customary style which included unbounded hospitality to such visitors as the Mortons.

Artist Morton had a fortunate chance to visit both St. Thomas and St. John islands when urged by the Governor-General to sail on a Danish Brig-of-War, the *Mercurius,* which was to carry a detachment of militia to St. John in January of 1844.

Not one to waste an opportunity, Morton kept a lively diary of his trip by adding to a manuscript he had already begun, titled facetiously *The St. Croix Illustrated News.* He embellished the pages with numerous quick sketches of life aboard ship and ashore; some of these done as serious studies, others brimming with humor. Although he went ashore for only short periods on these two islands, he dashed off a remarkable assortment of fine sketches of buildings, scenery and persons, all of which are included here.

As an aside, it should be noted that spelling, punctuation and style are often hasty in diaries, and Morton's is no exception although this only adds to its charm. Our artist, alas, also misspelled or mislabelled a few place or estate names in his other sketches. Some of these errors have been corrected in the captions for the sake of clarity and accuracy. In all charity, he did well to interpret the local dialect phonetically at all, for the oddities of English as spoken by Danes or by slaves who usually communicated in the local creole must have been bewildering to a North American.

The St. Thomas recorded by Morton in the 1840s was still the lusty, thriving commercial and shipping center it had been during the preceding century when it brimmed with the ships, goods and sometimes the pirates of many nations. Now the Royal Mail Line's big packet-steamers came in from Europe with goods for all the West Indies and Central America and, still, in Charlotte Amalie's Main Street were the boasted long line of warehouses and shops which had become famous the world over.

As for St. John, always the more primitive and rural of the three main Danish West Indian islands, it had never made a real comeback from the haunting disasters of the ruinous slave rebellion in 1733. Morton, like others then and now, found it a delightful retreat, for its air of somber, brooding melancholy only enhanced its sleeping beauty.

It is with the pleasure and pride of sharing a discovery that the St. Croix Landmarks Society and the Danish West Indian Society join in presenting these pictures in sketchbook form of the Danish West Indies of almost 130 years ago.

KUNSTNEREN OG ØERNE

Af Florence Lewisohn

I vinteren 1843-44 ankom pastor Henry Jackson Morton, kunstneren med det skarpe blik og det muntre sind, på grund af sin broder Quincys helbred til Dansk Vestindien fra Philadelphia sammen med sin familie.

Til alt held er Mortons talrige tegninger, akvareller og den illustrerede dagbog fra St. Croix, St. Thomas og St. Jan for nylig blevet fremdraget, og de fremlægges her som en uvurderlig, historisk billedkavalkade fra datiden.

Præsten, hans kone Helen og deres 8-årige søn Henry jr., som iøvrigt senere skulle blive mere berømt end faderen, gæstede, sammen med broderen Quincy, den anglikanske præst Flavel Mines i Frederiksteds præstegård, der dengang lå i Strandgade.

Det var ikke nyt for Henry Morton at tegne og male. Allerede i hans unge dage havde hans tegnetalent resulteret i, at han blev amatørmedlem af den berømte Philadelphia Sketch Club. Den udviklede sig til den senere Century Club, der med tiden blev til Philadelphia Academy of Fine Arts.

Medlemmerne af familien Morton havde levet i New York siden 1761, da et af dem kom dertil som britisk soldat og blev der for at deltage i revolutionen på oprørernes side.

Henry Morton blev født i New York i 1807; han kom først på Columbia University, derefter på General Theological Seminary, og da han var blevet præsteviet, flyttede han til Philadelphia for at blive hjælpepræst for biskoppen ved St. James Episcopal Church. Seks år senere finder vi ham som sognepræst, og efter 50 år i denne stilling trak han sig tilbage som pastor emeritus. Han må have været en flittig, højt respekteret og meget afholdt mand med stor interesse for det samfund han levede i. Han modtog mange ærestitler, udgav mange skrifter og blev valgt til bestyrelsesmedlem for universitetet i Pensylvania kort efter sit besøg i Vestindien.

Ingen ville den vinter på St. Croix have anet, at hans søn, den unge Henry, skulle blive en berømt fysiker, kemiker, jurist og til sidst præsident for Stevens Institute of Technology. Ligesom faderen var han en god iagttager og besad en kunstnerisk åre. Endnu mens han var på college, var han med til at tyde den dengang så opsigtsvækkende Rosetta-sten, og i 1858 bidrog han til en bog om denne med et væld af egne litografiske gengivelser af hieroglyfferne m.v..

Pastor Morton, der var fyldt 36 i 1843, rejste til de vestindiske øer opfyldt af glæde og nysgerrighed og med den skarpe iagttagelsesevne, som så klart afspejler sig i hans tegninger. De optegnelser, han har efterladt sig, er de bedste af de mange forsøg, som kunstnere gennem tiderne har gjort for at indfange øernes enestående trope-atmosfære. Han var sandelig ingen sat præstemand, men et meget levende menneske, som forstod at se nuancerne i sine omgivelser og nyde sit sabbat-år.

Så snart den besøgende præst befandt sig blandt de uhøjtidelige

14

øboere og i et frodigt og for ham helt nyt landskab, vågnede kunstneren i ham. Med blyant og pensel gav han udtryk for glæden ved de daglige opdagelser og møder med mennesker.

Han tegnede ikke af hensyn til eftertiden, men alligevel har selv hans hastigt nedkradsede skitser fanget en livlig gadescene eller landskabets søvndyssende middagsidyl med talent og poetisk fornemmelse. Selvom han sandsynligvis aldrig har været andet end amatør, hvad det kunstneriske angår, er Mortons mere udarbejdede tegninger og sarte akvareller i tidens stil udført med en dygtighed og en sikker hånd, der afspejler års øvelse. En aldrig svigtende humor viser sig i hans vignetter, især i dagbogen fra den rejse, han foretog ombord på briggen *Mercurius* til St. Thomas og St. Jan. Livet til søs, udflugterne i land, øernes aristokrater og slaver, gadescenerne og det maleriske landskab bidrog altsammen til spontane udslag af hans humor og nysgerrighed. Selv den syge broder Quincy er tegnet på en meget veloplagt måde.

Det er heldigt, at de berømte sukkerplantager og deres bygninger gjorde så stort indtryk på vor kunstner, for i sine tegninger har han efterladt en uvurderlig billedkavalkade af de steder og personer, vi tidligere kun har haft omtrentlige forestillinger om. Hans portrætter puster liv i de mænd og kvinder, som tidligere kun var navne i arkiverne, og giver os et indtryk af deres klædedragt, som, skønt den fulgte datidens europæiske mode, var tilpasset det vestindiske klima.

De genfundne billeder, der indtil for nylig var ukendte både for øerne og for danske historikere, kan nu udfylde mange huller i vor viden, idet de f.eks. ikke mindst kan fortælle os nøjagtigt, hvordan nogle af de berømte gamle ejendomme, som nu henligger i ruiner, har set ud engang for over hundrede år siden.

Øen St. Croix, hvor familien Morton i særlig grad nød at opholde sig, havde forlængst passeret sine blomstrende velmagtsdage, som havde gjort den til det legendariske sted, hvorfra man fik sukker og rom og levede i sus og dus. Denne periode havde varet fra 1750erne ind i det tidlige 1800-tal. Forfaldet kom gradvis, fremkaldt af Napoleonskrigene, det svækkede verdensmarked, konkurrencen fra sukkerroen og adskillige tørkeperioder.

Da Henry Morton tegnede den aristokratiske generalguvernør Peter von Scholten ved sit skrivebord i guvernementspalæet i Christiansted, ville ingen have forudset, at den samme mand få år senere skulle både æres og bagvaskes for sin personlige beslutning i 1848 om under indtryk af en truende opstand at frigive slaverne. På det tidspunkt, i vinteren 1843-44, var St. Croix en ø beboet af urolige, oprørske slaver og endnu mere urolige sukkerplantageejere, der var tynget af enorme gældsforpligtelser og plaget af angsten for at miste alt, hvad de ejede, såfremt emancipationen blev en realitet. Udadtil levede de dog stadig på sædvanlig vis og modtog besøgende som familien Morton med varm gæstfrihed.

Kunstneren Morton var så heldig at få mulighed for også at besøge St. Thomas og St. Jan, idet generalguvernøren inviterede ham til at tage med den danske orlogsbrig *Mercurius*, der i januar 1844 skulle bringe et detachement soldater fra St. Croix til St. Jan. Morton, der ikke var sen til at udnytte en sådan chance, førte ivrigt dagbog over sine oplevelser på rejsen, idet han gjorde tilføjelser til det manuskript, han allerede var begyndt på, og som havde den spøgefulde titel *The St. Croix Illustrated News*. Han udsmykkede siderne med talrige skitser af livet ombord og i land;

nogle af dem er seriøse studier, andre muntre skitser. Skønt Morton kun aflagde to korte besøg i land på de to øer, lykkedes det ham at få lavet en betydelig samling fine skitser af bygninger, landskaber og personer, hvilke alle er medtaget i nærværende publikation.

Som en sidebemærkning skal det nævnes, at stavning, tegnsætning og sprog i dagbøger ofte er præget af hastværk, og Mortons er ingen undtagelse, men det bidrager kun til at forøge dens charme. Desværre har vor kunstner stavet flere stednavne forkert eller benævnt stederne fejlagtigt. Noglc af disse fejl er blevet rettet i billedteksterne af hensyn til tydelighed og nøjagtighed.

Han gjorde klogt i at gengive den lokale dialekt fonetisk, for det sære engelsk, der taltes af danskerne eller slaverne, som til daglig brugte kreolsk, må have været meget forvirrende for en amerikaner.

Det St. Thomas, Morton skildrede i 1840rne, var stadig det velhavende blomstrende handels- og søfartscentrum, det havde været i det forrige århundrede, da øen var fuld af skibe, varer og undertiden sørøvere fra mange lande.

Nu lå Royal Mail Lines' store postdampere fra Europa i havnen og lossede varer til Vestindien og Mellemamerika, og langs Charlotte Amalies hovedgade lå den lange stolte række magasinbygninger og forretninger, som er blevet verdensberømte.

Øen St. Jan, den mest primitive og landlige af de tre danske vestindiske øer, var aldrig blevet sig selv igen efter de mange frygtelige hændelser under slaveopgøret i 1733. Som så mange andre dengang og nu, fandt Morton i St. Jan et vidunderligt fristed, og øens alvorlige, melankolske stemning forhøjede kun dens torneroseidyl.

16

Det er med den glæde og stolthed, der ligger i at være fælles om en opdagelse, at St. Croix Landmarks Society og Dansk Vestindisk Selskab sammen præsenterer disse billeder i form af en skitsebog fra de dansk-vestindiske øer for 130 år siden.

AMATEUR ARTISTS ON ST.CROIX IN THE 1830s-1840s.

By Henning Henningsen, Ph. D.
Director of the Danish Maritime Museum, Kronborg Castle

It is clear that Henry Morton, when he stayed at the small town of Frederiksted, St. Croix, in 1843-44, must have met the inspector of customs and second-in-command of the town's militia, the talented and handsome *Frederik von Scholten* who was 11 years older. The two gentlemen had at least one thing in common, – they were both enthusiastic amateur artists, devoted to the art of sketching. Morton does not mention von Scholten directly in his rather fragmentary diary, but a comparison of their sketches shows that they must have known each other extremely well.

Frederik von Scholten was born in Copenhagen on April 8, 1796. His father, Casimir Vilhelm von Scholten, held the office of Governor of St. Thomas in 1800-01 and again in 1803-07. Frederik was educated as a naval officer. In 1808, at the age of twelve, he started his career as a cadet. In the Naval Academy in Copenhagen he got, as was the custom of that time, a very thorough training in sketching in pencil and watercolor. In 1815 he was appointed a sub-lieutenant, and in the 1820s he travelled in Europe and enlisted as an officer in the French Navy. He completed his education by a voyage round the world on board the French corvette *La Favorite* in 1829-32. In 1833 he was appointed lieutenant commander in the Danish Navy. Then, suddenly, he broke off his naval career and moved to his beloved West Indian Islands (since 1917 the U.S. Virgin Islands) where his older brother Peter had been appointed Governor General by the Danish King. He obtained a rather minor position as customs officer at Frederiksted, and there he stayed until his death in 1853.

During his many years travelling in Europe and other parts of the world he drew and painted a good many realistic and yet romantic pictures. Among the real treasures of the Danish Maritime Museum are his two »sketchbooks«. These are albums in which he has pasted 163 of his own pictures, 92 in one, 71 in the but also some scenes of folk life.

The collection contains, as it is now, 15 watercolors from West Indies. Unfortunately, several pictures have been removed from both volumes by cutting out the pages. Two of those from the West Indies are now in the possession of the Danish National Museum in Copenhagen, while the others presumably are owned by private persons, if they still exist. This is, for instance, the case with a sketch of the plantation Prosperity. We are not able to say precisely how many pictures von Scholten did of the islands. One of them, now lost, shows Frederiksted from the sea, and was used as a model for a lithograph by N. Currier, New York, 1838. What we know of von Scholten's watercolors from the W. I. represent the following places and plantations:

St. Croix

1833. Castle Coakley; Constitution Hill; Ham's Bay; Butler's Bay (in the Nat. Mus.); Morningstar. *1834.* Bülowsminde, view toward Christiansted; same, view to the West (in the Nat. Mus.).

1837. View from Prosperity toward Frederiksted.   *1838*. Prosperity; La Grange; Høgensborg; Frederiksted (known from the above mentioned lithography).   *1839*. Mount Washington; Prosperity (a replica of the 1838 watercolor; privately owned). *1844*. Bitling (girls washing clothes in a gut) near Frederiksted. *1846*. Montpellier & Two Friends.

St. John

1833. Rocks with Caribbean petroglyphs (Reef Bay Valley); Susannaberg & Adrian; Carolina at Coral Bay.

From *St. Thomas* no pictures are known.

When Morton came to Frederiksted von Scholten's artistic activity had been slumbering for some years. Without doubt he would have shown Morton his sketchbooks, and they must have had several discussions about their common field of interest. It is evident that von Scholten must have drawn his young friend's attention to suitable places where he could make particularly good sketches, and shown him some fine scenery he had used himself. Morton's sketches show that, in certain cases, he in fact followed his advice and used his suggestions.

To prove this we must look at the two friends' pictures of La Grange (Morton page 95), Prosperity (Morton page 101), the view from the sloping hills of Prosperity toward Frederiksted (Morton page 103) and the view from Bülowsminde, the Greathouse of the Governor General, toward Christiansted (Morton page 51). It is quite interesting to compare these sketches with the same scenery and notice the small alterations in landscape and growth which took place in the years between the earlier von Scholten sketches and the later Morton ones.

On the other hand Morton also inspired von Scholten to take up his old interest, even if the result was modest, perhaps owing to rheumatism in his right hand. This is obvious when we examine the inscription on von Scholten's watercolor of girls washing clothes, »bitling«, in the gut near Frederiksted (1844). It says: ». . after a sketch by the Rev. Mr. Morton of Philadelphia.« It is in fact just a copy of the picture (page 113) which Morton wrongly calls »Bathing in the Gut.« One must admit that von Scholten's watercolor is rather clumsily done, while Morton's is quite elegant.

It is true that the collection of Morton's pictures which is published here not only surpasses von Scholten's West Indian watercolors, as we know them, in number but also in art. Von Scholten

View from the plantation Prosperity toward Frederiksted. In the foreground the artist sketching. Watercolor by Frederik von Scholten, 1837 (cf. Morton's sketch page 103).

Udsigt fra plantagen Prosperity mod Frederiksted. I forgrunden ses kunstneren i arbejde. Akvarel af Frederik von Scholten 1837 (smlg. Mortons side 103).

worked hard and painstakingly to make his pictures good; he had, without doubt, an eye for well-balanced composition and used in several cases the effect of shadows and opposite light very charmingly. But even Morton's most roughly done sketches give a vivid expression of innate artistic skill.

Through Frederik von Scholten, Morton must have made the acquaintance of Frederik's brother Peter von Scholten who was in fact the uncrowned king of these small islands. He was born in 1784 and was 12 years older than Frederik. He ruled as Governor General of the Danish West Indies from 1827 till 1848. When Morton visited St. Croix he was already very popular among most of the population, especially because he had succeeded in carrying through the compulsory school education for slave children – something quite unheard of – and had founded 17 schools on the islands between 1839 and 1841 (cf. Morton page 83). In 1848 he finished his reform work by proclaiming the abolition of slavery. Nowadays he is still spoken of as »Massa Peter« and remembered as one of the noblest persons Denmark has sent over to the islands. Morton visited him on his beautiful plantation Bülowsminde.

Here he, presumably, also met his mistress Anna Heegaard (perhaps she is the lady sketched in his drawing, page 51). He also visited the Governor General in his magnificent Governor's Palace at Christiansted. He made a portrait of him in pencil (page 39) and also sketched him in his office, sitting at his writing desk (page 37). The Danish Maritime Museum owns a pencil drawing which with very few variations is identical with this sketch. It is not signed, but there is practically no doubt that it was done by him and not by Frederik von Scholten as had been thought until the Morton sketches were discovered.

It should be mentioned that, at this same time, there were other amateur artists on St. Croix. One of them was Captain *Heinrich Andreas Raupach* (1813-82). He was fort commander and administrator of the military depots. He amused himself mainly by drawing portraits. In private possession in Copenhagen there is a collection of more than 50 of these portraits – mostly in pencil – of many of his friends and acquaintances on St. Croix from the 1830s to the 50s. They are unpretentious but are, of course, of extraordinary interest in showing people as they really looked. We do not know if Raupach met Morton. In Morton's sketches there is certainly no indication of this. Frederik von Scholten knew him, of course, for Raupach portrayed him – the portrait was pasted into his sketchbook on the front page, – and von Scholten made a rather good portrait of Raupach (in the above mentioned collection).

Another amateur was Lieutenant *Frederik Christian Kleist* (called »Uncle Fritz«), later on fort commander and captain (1815-92). The Whim Greathouse Museum, St. Croix, owns 27 of his small pencil sketches and watercolors, dated 1845. They depict chiefly the forts at Christiansted and Frederiksted and the military station at Kingshill, and also various plantations. Their artistic value is in no way remarkable, but they are not without interest.

Before photography became widespread people lived in an era lacking pictures to a degree we can hardly understand. So it is all the more extraordinary and pleasant to have this abundance of sketches and portraits of St. Croix at the time. They give us a welcome tangible opportunity of seeing places and persons of a time which has long faded into the past.

Thanks are due to Mrs. Inge Mejer Antonsen, M.A., Assistant Curator of the National Museum, and Mrs. Eva Ganneskov, Actuary, both of Copenhagen, for references and assistance.

AMATØRKUNSTNERE PÅ ST. CROIX I 1830-40 RNE

Af Henning Henningsen, museumsdirektør, dr. phil.

Det er en selvfølge, at Henry Morton, da han opholdt sig i den lille by Frederiksted 1843–44, traf sammen med byens toldforvalter og vicestadhauptmand, den begavede og indtagende *Frederik von Scholten*, som var 11 år ældre end ham. De to herrer havde det tilfælles, at de begge som begejstrede amatører dyrkede tegnekunsten. Morton nævner ganske vist ikke Scholten i sin ret fragmentariske dagbog, men en sammenligning af deres tegninger godtgør, at de har kendt hinanden.

Frederik von Scholten var født i København 8. april 1796. Hans far, Casimir Vilhelm von Scholten var 1800-01 og 1803-07 guvernør over St. Thomas. Frederik blev uddannet som søofficer. 1808, 12 år gammel, begyndte han sin løbebane som søkadet; på kadetskolen blev han grundigt sat ind i tegnekunsten, som det var skik i datiden. 1815 udnævntes han til sekondløjtnant, og efter 1820 rejste han en del og tog tjeneste som søofficer i den franske orlogsmarine. Hans læreår afsluttedes med en verdensomsejling ombord på den franske korvet »La Favorite« 1829–32. I 1833 udnævntes han til kaptajnløjtnant i den danske flåde. Men hermed sluttede han sin sømilitære løbebane, idet han drog til Dansk Vestindien, hvor hans ældre bror Peter von Scholten var general-guvernør. Han fik en beskeden stilling som toldembedsmand i Frederiksted, og her blev han til sin død i 1853.

På sine mange rejser i og uden for Europa tegnede og malede han flittigt en lang række sobre, men dog romantiske akvareller. En af Handels- og Søfartsmuseets store skatte er hans to såkaldte »tegnebøger«, hvori der findes 92 + 71, ialt 163 opklæbede tegninger, de allerfleste akvareller, både af landskaber, bygninger, folketyper og folkeliv.

Som den er nu indeholder samlingen ialt 15 akvareller fra Dansk Vestindien. I tidens løb er der skåret et antal tegninger ud af de to albums, også nogle af de vestindiske. Deraf befinder to sig på Nationalmuseet i København, mens resten formentlig er i privat eje. Vi kan ikke sige, hvormange tegninger Scholten har udført i Vestindien; en af dem, nu ukendt, visende Frederiksted set fra søen (1838), er blevet brugt som forlæg for et litografi af N. Currier i New York.

De kendte tegninger afbilder følgende steder og plantager:

St. Croix

1833. Castle Coakley; Constitution Hill; Ham's Bay; Butler's Bay (på Nationalmuseet); Morningstar. *1834.* Udsigt fra Bülowsminde mod Christiansted; do. mod vest (på Nationalmuseet). *1837.* Udsigt fra Prosperity mod Frederiksted. *1838.* Prosperity; La Grange; Høgensborg; Frederiksted (kendt gennem omtalte litografi). *1839.* Mount Washington; Prosperity (gentagelse af 1838-akvarellen; i privateje). *1844.* Tøjvask (»bitling«) i bæk nær Frederiksted. *1846.* Montpellier & Two Friends.

St. Jan

1833. Klipper med karibiske helleristninger i Reef Bay-dalen;

Susannaberg & Adrian; Carolina ved Coral Bay.

Fra *St. Thomas* kendes ingen tegninger af ham.

Der er ingen tvivl om, at Scholten, hvis aktive kunstneriske interesse havde ligget brak i flere år, har fundet sine »tegnebøger« frem, da Morton kom på besøg, og har vist ham dem. Sikkert har de fået mange diskussioner om deres fælles interesse tegnekunsten, og utvivlsomt har Scholten også gjort ham opmærksom på, hvor der var gode steder at tage motiver fra, og har personligt vist ham, hvor han selv har siddet og tegnet. At Morton i visse tilfælde har fulgt hans råd, fremgår af hans skitser. Han har været på flere af stederne med sin skitseblok.

En sådan overensstemmelse i motiv kan således iagttages i tegningerne af La Grange (Morton side 95), Prosperity (Morton side 101), udsigten fra Prosperitys bjergskråninger mod Frederiksted (Morton side 103) samt udsigten fra generalguvernørens plantage Bülowsminde mod Christiansted (Morton side 51). Det er forøvrigt ganske morsomt at iagttage de småændringer i landskab og plantevækst, der er sket i de år der ligger mellem Scholtens og Mortons tegninger.

At Morton også har givet Scholten lyst til at genoptage sin tegnekunst, omend i beskedent omfang – måske fordi han havde fået gigt i højre hånd – har vi et ganske håndgribeligt bevis for. Et blik på Scholtens tegning af vaskepigerne i bækken (1844) viser, at den bærer påtegningen: » . . . after a sketch by the Rev. Mr. Morton of Philadelphia«. Den er da også slet og ret en kopi af Mortons tegning (side 113), som han fejlagtigt kalder »Bathin in the Gut«. Det må indrømmes, at Scholtens akvarel er temmelig kluntet, mens Mortons skitse er ganske elegant gjort.

Det kan ikke skjules, at samlingen af Mortons skitser, som her fremlægges, ikke bare overgår Scholtens produktion, såvidt den kendes, i antal men også i kunstnerisk kvalitet. Scholtens akvareller er godt gennemarbejdede, velkomponerede og har i flere tilfælde markante skygge- og modlysvirkninger, mens Morton, selv

Udsigt fra generalguvernør Peter von Scholtens landsted Bülowsminde mod Christiansted. På terrassen ses generalguvernøren sammen med den senere guvernør over St. Thomas, Johannes Søbøtker, som Morton nævner i sin dagbog. Akvarel af Frederik von Scholten 1834 (smlg. Mortons tegning side 51).

View from Bülowsminde, the Greathouse of the Governor General Peter von Scholten, toward Christiansted. The persons are Peter von Scholten and Johannes Søbøtker, later Governor of St. Thomas, whom Morton visited according to his diary. Watercolor by Frederik von Scholten, 1834 (cf. Morton's sketch page 51).

i sine flygtigste skitser, giver et mere levende udtryk for sine medfødte kunstneriske evner.

Gennem Frederik von Scholten er Morton sikkert blevet bekendt med broderen Peter von Scholten, der var de små øers ukronede konge. Han var født 1784, var altså 12 år ældre end Frederik. Han var generalguvernør over Vestindien, først fungerende, siden virkelig, fra 1827 til 1848 og var allerede under Mortons besøg meget populær i den brede befolkning, bl. a. fordi han havde fået gennemført tvungen skoleundervisning for slavebørn – noget dengang ganske uhørt – og havde ladet opføre ialt 17 skoler på øerne 1839-41 (jfr. Morton side 83). I 1848 satte han kronen på værket ved at proklamere slaveriets ophævelse på øerne. Stadigvæk omtales han som »Massa Peter« og mindes som en af de ædleste personligheder, der er kommet fra Danmark til Vestindien.

Morton har besøgt ham på plantagen Bülowsminde, hvor han formentlig også har truffet hans elskerinde Anna Heegaard (måske er det hende, man ser på hans tegning side 51). Han har også været i det slotslignende guvernørpalads i Christiansted, hvor han ikke blot har tegnet hans portræt (side 39), men også har afbildet ham i sin stol, siddende ved sit arbejdsbord (side 37). Handels- og Søfartsmuseet på Kronborg ejer en blyantstegning, som med meget små afvigelser er identisk med denne tegning, og selv om den ikke er signeret, tør man dog uden tvivl henføre den til Morton. Før Mortons tegninger blev kendt, troede man, den stammede fra Frederik von Scholten.

Også andre dyrkede tegnekunsten på St. Croix på samme tid. Først kan nævnes kaptajn *Heinrich Andreas Raupach* (1813-82), fortschef og depotforvalter. Han synes hovedsagelig at have moret sig med at tegne portrætter. I privateje i København findes en samling på over 50 portrætter af mange af hans venner og bekendte på St. Croix, dateret mellem 1830'rne og 50'erne. De er fordringsløse, men har selvfølgelig allerstørste personalhistoriske værdi. Om Raupach har mødt Morton, vides ikke; i hvert fald er der i Mortons tegninger intet, der tyder derpå. Til gengæld har Raupach ved anden lejlighed portrætteret Frederik von Scholten – portrættet er indklæbet på første side i en af de omtalte »tegnebøger« – og Scholten har tegnet et ganske udmærket portræt af Raupach (i omtalte privatejede samling).

En anden amatør var løjtnant *Frederik Christian Kleist* (kaldet »Onkel Fritz«), senere fortschef og kaptajn (1815-92). Plantagemuseet Whim på St. Croix ejer 27 af hans små blyantstegninger og akvareller, dateret 1845. Hans motiver er fortrinsvis taget fra forterne i Christiansted og Frederiksted samt fra militærforlægningen på Kingshill, men også fra forskellige plantager. Tegningerne er uden kunstnerisk værd, men ikke uden interesse.

Før fotografiet kom frem, var tiden billedfattig i et omfang vi næppe kan forstå nu. Så meget desto mere bemærkelsesværdigt og glædeligt er det at have denne rigdom af tegninger og portrætter fra 1830–40'rne fra St. Croix. De giver os en kærkommen mulighed for at lade os se steder og personer fra en svunden tid håndgribeligt foran os.

Jeg takker museumsinspektør mag. art. Inge Mejer Antonsen, Dansk Folkemuseum, Nationalmuseet, og aktuar Eva Ganneskov, København, for hjælp og henvisninger.

BUCK ISLAND

La Vallée

Ham's Bay
Ham's Bay
Northside
Butler's Bay
Mt. Washington
Sprat Hall
Punch

CALEDONIA GUT

North Side Road

Rust-op-Twist
Belvedere

Mt. Eagle
Blue Mountain

Mt. Stewart
Montpellier
Two Friends

Judith's Fancy
(Hemer's Point)

Morningstar
La Grande
Princesse

North Road

CHRISTIANSTED
(BASSIN)

Protestant
Bay
Fort

Green Cay

Green Cay

ALTONA LAGOON

Southgate
Farm
Mt. Roepstorff

Mt. Welcome

Bonne
Esperance

Bülows Minde
Constitution
Hill

Signal
Hill

Mt. Recovery

Prosperity

Mahogany Road

Little
La Grange

Fredensborg

La Reine

Castle
Bourke

Slob

Kingshill

Castle
Coakley

Herman Hill

La Grange
Hegensborg
Wheel of Fortune

Center Line Road

Diamond

BETHLEHEM GUT

Fareham
Bay

FREDERIKSTED
(WEST END)
Fort

Whim

Sandy
Point

St. Croix

0   1   2   3
miles

ST.CROIX SKETCHES / ST.CROIX SKITSER

The St. Croix series of pictures is from the collection of the St. Croix Landmarks Society, unless otherwise noted.

Hunting in a Rain Forest. This handsome sketch captures the spirit of the wild, tropical undergrowth in the mountain valleys and rain forest areas of the islands, with vegetation so unfamiliar to a North American visitor that he probably found it more intriguing to sketch than to hunt. Since it is one of the few untitled pictures included in Morton's sketchbook, the location of the scene has not been identified.

Jagt i regnskoven. Denne smukke tegning har indfanget stemningen i den vilde, tropiske underskov i bjergdalene og regnskovsområderne på øerne, hvis vegetation er så fremmedartet for en besøgende fra Nordamerika, at han sandsynligvis har foretrukket at gengive den i tegninger fremfor at gå på jagt i den! Det er en af de få tegninger, hvis motiv Morton ikke har lokaliseret.

26

View of Protestant Cay in Christiansted Harbor showing the Harbormaster's house, as seen from the wharf & fort area. The wharf was always the hub of daily life in Christiansted. Here the sugar, rum, molasses and cotton were weighed for shipment and near here the counting-houses and merchants' stores were first clustered. On Protestant Cay, the Harbormaster headquarters overlooked the anchorages inside the reef and a small fort at the end of the island faced the passages through the reef.

Udsigt over Protestant Cay i Christiansted Havn med havnefogedens hus, set fra havne- og fortområdet. Havnen var midtpunktet i hverdagslivet i Christiansted. Her blev sukker, rom, melasse og bomuld vejet til afsendelse, og tæt herved lå oprindelig de store handelshuse og kontorbygninger.
Fra havnefogedens hus på Protestant Cay var der udsigt til ankerpladserne inden for revet, og fra et lille fort for enden af øen kunne man følge ind- og udsejlingerne.

See pages 30-31
Panoramic view from Protestant Cay of Christiansted (Bassin) and its harbor with Signal Hill & Mt. Recovery in the background. In the foreground are the old Fort, the Steeple Building, the Scale House and Government House.

Se siderne 30-31.
Panorama fra Protestant Cay i Christiansted (Bassin) og havnen med Signalhøjen og Mount Recovery i baggrunden. I forgrunden ses det gamle fort, den gamle kirke, vejerboden og guvernementspalæet.

Port. Key. Bahia. 15 March 44
From Fort Christianorm

Bapon from the Key
29. June 44

Fort Christiansværn & Customs House in the wharf area of Christiansted. The fort was more than 100 years old when this sketch was made. It had been enlarged several times since the first Danish settlers found an old French earthen redoubt on the site and began to construct their own building for protection. A shot has never been »fired in anger« from the fort, but the military presence has often helped to keep the peace.

Fort Christiansværn og Toldboden på havneområdet i Christiansted. Da denne tegning blev til, var fortet over 100 år gammelt. Det var blevet udbygget flere gange siden de første danske kolonister fandt en gammel fransk jord-redoute på dette sted og begyndte at opføre deres egen bygning til beskyttelse. Der blev aldrig for alvor affyret et skud fra fortet, men tilstedeværelsen af militæret har ofte bidraget til at bevare freden.

Fort Custom House.

The Fort with the Fish Market to the right, viewed from the Steeple Building then in use as a bakery. The Steeple Building was a landmark through many historical periods. It was the first Lutheran Church on the island and later also served as a school and a military hospital. Today it houses a National Park Service museum following loving restoration by the Service.

Fortet med fisketorvet til højre, set fra den gamle lutherske kirke (Steeple Building), der dengang blev brugt som bageri. Steeple Building har gennem tiderne været et vartegn for byen. Den var den første lutherske kirke på øen og fungerede senere som skole og militærhospital. Efter en nænsom restaurering, rummer bygningen i dag et museum under National Park Service.

Fort, Fish Market & hospital

His Excellency the Governor-General, Peter von Scholten in his office at Government House, Christiansted. From this office the aristocratic von Scholten governed the three Danish islands; attempting many reforms during a period of economic fluctuations and social unrest. The building itself still dominates the town with historic grandeur.

Hans Excellence generalguvernøren Peter von Scholten på sit kontor i regeringsbygningen i Christiansted. Fra dette kontor styrede den aristokratiske von Scholten de tre danske øer, og i en tid med sociale brydninger og økonomisk ustabilitet gjorde han forsøg på at gennemføre mange reformer. Selve bygningen er stadig byens midtpunkt og et storslået historisk monument.

Portrait of the Governor. When the revolt threatened in 1848, the controversial von Scholten freed the slaves over the protests of the plantation owners. He wears the Grand Cross of the Order of the Dannebrog.

Portræt af guvernøren. Da negeropstanden for alvor truede i 1848, proklamerede von Scholten trods plantageejernes protester slaveriets ophør. Han bærer her Storkors af Dannebrog.

Governor P. Von Scholten. K.D. &c.

Christiansted Scene. In a view across town to Hemer's Point (now Judith's Fancy) Christiansted's delightful colonial architecture is shown in detail near Strand and Queen's Cross Street. The large three-story corner building was gutted by fire in the 1920s; some parts of it are built into the Caravelle Arcade shops.

Parti fra Christiansted. Udsigten mod Hemer's Point (nu Judith's Fancy) viser Christiansteds bygninger nær Strandgade og Dronningens Tværgade i den yndefulde kolonistil. Den store tre-etages hjørnebygning blev hærget af ildebrand i 1920erne; en del af den indgår i bygningen, der rummer Caravelle arkadebutikkerne.

Hamilton Point
Bermuda

Mr. Finley

Saturday Market from Dr. Ruan's house. The doctor had a splendid outlook on activities when the slaves brought in their own produce to sell in Christiansted. Estate Mt. Recovery is on the hill above.

Lørdagstorvet set fra dr. Ruans hus. Lægen havde et glimrende overblik over handelen og slavernes færden, når de kom til marked i Christiansted med deres varer. Plantagen Mount Recovery ses på bjerget i baggrunden.

Saturday Market
D' Rivans B. End.

Dr Rivans

Portrait of Dr. Ruan. Dr. William Heyliger Ruan, born on St. Croix, educated in Scotland, France and Denmark. Physician, *Accoucheur* and *Jaeger-Corps* surgeon; blessed with a wife, five children and four houses.

Portræt af dr. Ruan. Dr. William Heyliger Ruan, født på St. Croix, uddannet i Skotland, Frankrig og Danmark, læge, fødselslæge og Jæger-Korps kirurg; havde hustru, fem børn samt fire huse.

Rivers M.D.

Miss Patsey's, Bassin, from Dr. Ruan's house at 22 Strand St. Only a few of these old wooden-shingled houses remain in Christiansted today, but Strand Street still has its steep hill, bordered by some fine old houses.

Miss Patsey's hus, Bassin (Christiansted) fra Ruans hus, Strandgade 22. Der er i dag kun nogle få af disse gamle spåntække huse tilbage i Christiansted, men i Strandgade ser man stadig den stejle bakke og de fine gamle huse.

Negro Cottage, Bassi from D. Road Dec 27. 43

Moravian Settlement from the New Bridge to East St. Croix. This intriguing sketch was thought to show the Contentment Gut area near Friedensthal Mission on the outskirts of Christiansted in the days of plentiful water. It has, however, been established as the view of Friedensberg Mission near Frederiksted, sketched from just beyond the bridge over the gut north of Frederiksfort. (See also view page 103).

Hernnhuterkolonien på det østlige St. Croix set fra den nye bro. Morton angiver fejlagtigt at denne spændende skitse viser Contentment Gut området nær Friedensthal Brødremenigheds hus i udkanten af Christiansted, dengang der var rigeligt med vand. Det er imidlertid blevet fastslået, at den viser udsigten til Friedensberg Brødremenigheds hus nær Frederiksted, tegnet bag broen over bækken nord for Frederiksfort. (Se også side 103).

48

Moravian Settlement from the New Bridge to St Croix.

View from the Terrace at Bülow's Minde. In the 1830s Governor-General von Scholten and his mistress Anna Elisabeth Heegaard together built this elaborate estate high on Government Hill overlooking Christiansted, the harbor, Green Cay, Buck Island and the hills far to the east.

Udsigt fra Bülowsmindes terrasse. I 1830rne byggede general-guvernør Peter von Scholten og Anna Elisabeth Heegaard denne fornemme ejendom højt oppe på Government Hill med udsigt over Christiansted, havnen, Green Cay, Buck Island og højderne mod øst.

Optimismus
jan Dula's Minda

Chasing Sharks in the Lagoon. On the eastern outskirts of Christiansted lies Altona Lagoon where an occasional shark used to find its way in from the sea, providing sport for the local men. The old estate house and mill tower on Mt. Welcome are visible on the hill in the background.

Hajfangst i lagunen. I den østlige udkant af Christiansted ligger Altona-lagunen, hvor en haj nu og da forvildede sig ind fra havet og gav anledning til adspredelse for den lokale befolkning. Den gamle planterbolig og sukkermøllen på Mount Welcome ses på bjerget i baggrunden.

Chase of shares

South Gate Farm. This well-known sugar plantation was among the first ones established to the east of Christiansted. It may have been named for a long-forgotten gate to a cross road branching sharply south here. The farm was converted to a cotton plantation with its own gin, later to a cattle farm. Morton did portraits of its owners, the Abbotts, whose peacocks are shown in the yard.

South Gate Farm. Denne berømte sukkerplantage var en af de første, der blev anlagt øst for Christiansted. Den har muligvis fået navn efter en forlængst glemt port ved en korsvej, der forgrenede sig mod syd. South Gate Farm blev senere ombygget til bomuldsplantage med egen rensemaskine og endte som kvægfarm. Morton portrætterede ejerne, familien Abbott, hvis påfugle ses i gården.

East End. This unidentified plantation probably was the south shore estate now known as Fareham, as sketched from a boat out on Fareham Bay.

East End. Denne uidentificerede plantage var sandsynligvis den sydkystplantage, der i dag kaldes Fareham; den er tegnet fra en båd i Fareham Bay.

Great Princess. The fertile and prosperous La Grande Princesse on the north shore west of Christiansted belonged to the island rulers from earliest times: first to the French Crown in the late 1600s; then to the Danish West India & Guinea Co.; later to the Crown in the Danish period, until sold to the noted Schimmelmann family in the 1750s.

Great Princess. Det blomstrende og frodige La Grande Princesse på nordkysten vest for Christiansted tilhørte herskerne over de vestindiske øer fra tidligste tid: først den franske krone i slutningen af 1600-tallet, så Det vestindiske-guineiske Kompagni, derefter den danske krone, indtil den berømte Schimmelmann-familie købte det i 1750erne.

Great Princess

From Princess – Government Schoolhouse. Sketched near one of the two sugar mill towers on La Grande Princesse, this schoolhouse was the first of many schools built for slave children under an educational program sponsored by Governor von Scholten. It opened its doors in January of 1841 and is still in use.

Fra Princess – mølle og skolehus. Skitsen viser en af de to sukkermøller på La Grande Princesse samt den første af de mange skoler, bygget for slavernes børn som et led i den undervisningsreform, guvernør von Scholten satte i gang. Skolen åbnede i januar 1841 og anvendes stadig.

Bay End of Prince of
Government Sodom

Distant View of Slob. This faraway view of the estate, probably sketched from Estate Fredensborg shows its Greathouse and windmill, with the huge 19th Century steam factory and its chimney in the foreground. The slave quarters below are in the area now called Korea.

Slob set på lang afstand. Sandsynligvis tegnet fra ejendommen Fredensborg. Man ser Slobs hovedbygning og vindmølle med den enorme 1800-tals dampmølle og skorstenen i forgrunden. Slavehytterne neden for kaldes nu Korea.

The Slob

Slob Mill. This mill yard scene depicts all the activity of »crop« time when slaves, masters and mills worked to full capacity, sometimes around the clock. The three rollers to grind the cane are clearly visible in the mill. In the distance Estate Bonne Esperance is to the left and Estate La Reine to the right. No one remembers the true origin of the name Slob, but of the two estates which bore this name this one was also sometimes called Body Slob.

Slob Mølle. Dette billede fra møllen skildrer hele høsttidens travlhed, når slaver, plantere og møller arbejdede for fuld kraft, undertiden i døgndrift. De tre valser, der maler sukkerrørene, ses tydeligt inde i møllen. I det fjerne ses plantagerne Bonne Esperance (til venstre) og La Reine (til højre). Oprindelsen til navnet Slob er ukendt, men af de to ejendomme, der begge har dette navn, kaldtes denne også sommetider Body Slob.

Boiling House – Slob. Every sugar estate had its own factory for production of sugar from cane juice; here the pipe carried the juice into a huge receiver for heating and skimming before being cooked in the first big iron cauldron, known as a »copper«. Then ladled down the line from one pot to the next smaller one, the thickening boiling mass was transferred at crystalization point to wooden cooling trays across the aisle. The molasses was drained away to use in making potstill rum, leaving a wet brown sugar called muscovado.

Kogehuset på Slob. Hver sukkerplantage havde sit eget sukkerkogeri, hvor man fremstillede sukker af sukkerrørssaften. Gennem et rør løb saften ind i et enormt kar, hvor den blev opvarmet og skummet, inden den blev kogt i det første store jernkar kaldet »Copper«. Dernæst østes den fra større til stadig mindre kar, hvorefter den kogende stivnende masse, lige inden den krystalliserede, overførtes til træsvalebakkerne på den anden side af midtergangen. Melassen blev ledt væk og brugt ved fremstillingen af den såkaldte Kill-devil rom, og tilbage blev en klistret brun sukkermasse kaldet muscovado.

Boiling House.

Blue Mountain From Slob. St. Croix's second highest peak looms from the central valley where Slob stood proudly on a slight rise. Below can be seen an unusually large hand wheel used to lift a barrel full of water up from a well. In the earlier, wetter periods the island boasted several huge waterwheels which ran sugar cane grinders, but this smaller type was used to lift water.

Blue Mountain set fra Slob. St. Croix' næsthøjeste tinde toner frem fra sletten, hvor Slob knejsede på skråningen. Nedenfor ses et usædvanligt stort håndhjul, som anvendtes til at trække en vandtønde op af brønden. Tidligere, da klimaet var mere regnfuldt, havde øen mange store vandmøller, som drev sukkerkværnene, men denne mindre type blev anvendt til at hejse vand op.

Blue Mountain
from Flat

Sugar Estates on the North Shore. In a lovely coastal area where mountains run down close to the reef-bordered sea lay several productive sugar estates. Here in the foreground is Rust op Twist, with Belvedere in the center and LaVallée near a peninsula to the west. The artist's carriage and driver await completion of the sketch.

Sukkerplantager på nordkysten. I det naturskønne kystområde, hvor bjergene går helt ned til havet, lå adskillige sukkerplantager. Her ses i forgrunden Rust op Twist, med Belvedere i midten og La Vallée nær en halvø mod vest. Kunstnerens vogn og kusk venter på, at tegningen skal blive færdig.

70

Rush up Twist.

Bélvédère   La Vallée

Water Mill at Rust op Twist. From the mountains to the south fresh water flowed into an ancient lakebed on this estate, so named by an early Dutch settler after his wish for Rest After Strife or Toil. Water, always precious on this semi-arid, semi-tropical island, was pumped by wind on this estate.

Vandmølle ved Rust op Twist. Fra bjergene mod syd fløfersk vand ned i et gammelt udtørret søbassin på plantagen, der af en af de tidlige hollandske kolonister er navngivet »hvile efter strid«. På denne tørre, halvtropiske ø blev det så kostbare vand pumpet op ved hjælp af vindmøller.

72

Wate Mill
Rust up Twist
1844

Count Moltke with Captain W. de Nully at Rust op Twist.
Two of the island's leading gentlemen are pictured here at the opulent north shore estate of Count Adam Moltke, an official from a family long connected with the Danish West Indies.

Grev Moltke med kaptajn W. de Nully på Rust op Twist. De to førende skikkelser indenfor øens aristokrati ses her på den givtige nordkystplantage, der tilhørte Grev Adam Moltke, embedsmanden, hvis familie i lang tid havde nær tilknytning til de dansk-vestindiske øer.

Count Moltke & Capt De Milly

Rust up Sweet.

Mt. Stewart Mill Tower on the Road to Montpellier. Inland in the western »rain forest« area along Mahogany Road lay some once rich and well cultivated estates. The mill tower ruin mutely portrays the gradual decline of the sugar epoch.

Mt. Stewart mølleruin på vejen til Montpellier. Inde i landet i den vestlige regnskovs område langs Mahogany Road lå nogle af de engang så rige og velopdyrkede plantager. Ruinen af møllen er et vidne om den florissante sukkerperiodes gradvise nedgang.

Ruined mill on the road to Montpellier.
Mr Stewart

Pasture Boy Driving Donkeys. Boys have pastured donkeys more than two centuries on St. Croix, but by the 1840s the donkey and horse had nearly replaced the oxen for plantation work. Artist Morton catches his subjects in a rare spurt of activity.

Vogterdreng driver æsler. Drenge har i mere end to århundreder vogtet æsler på St. Croix' græsgange, og i 1840rne havde æsler og heste næsten helt erstattet okserne på plantagerne. Henry Morton har fastholdt sine modellers travle aktivitet.

Silk Cotton Tree. Primitive conditions of early island life afforded one luxury – bedding stuffed with kapok from the pods of these trees. Here one stands in all its huge majesty, and lucky the cabin dweller who built under the widespread shade where tired bodies could loaf away the Sabbath. Nearby is shown one of the early Roman Catholic chapels.

Kapoktræ. Tidligere tiders ellers så primitive liv på øerne indebar een luksus: sengetøj udstoppet med kapok fra disse træers kapselfrugter. Her ses et majestætisk kæmpetræ, og lykkelig var den hytteboer, som byggede under det store træs skygge, hvor de trætte kroppe kunne dase sabbaten væk. Nær ved ses et af de tidlige romersk-katolske kapeller.

Silk Cotton by the R.C. Chapel
'44

Diamond Schoolhouse. This school opened for slave children in 1841 on the estate for which it was named. The teachers were Moravians, delegated to operate the new educational program in local schools because they spoke the Dutch creole dialect which slaves of many tribes used to communicate with each other and their Danish, English or Dutch masters.

Diamondskolen blev åbnet i 1841 på plantagen af samme navn. Lærerne tilhørte den herrnhutiske brødremenighed, der fik betroet at gennemføre den ny undervisningsreform, fordi de talte den hollandske kreolerdialekt, som slaver fra mange afrikanske stammer anvendte indbyrdes og over for deres danske, engelske eller hollandske herrer.

Diamond School house.
44'

Wheel of Fortune – Mr. Dunlap. As guest of the heirs of Captain J. B. Dunlap, artist Morton recorded one of the largest and most prosperous of the old plantations skirting Frederiksted, already in decline with the turn of fortune. The lack of blades on the mill tower may indicate it no longer ground cane, or that it was hurricane season, a time when the valuable »sails« were always removed for safe storage.

Wheel of Fortune – Mr. Dunlap. Som gæst hos en af kaptajn J. B. Dunlaps arvinger skildrede kunstneren Morton en af de største og forhen mest indbringende gamle plantager i omegnen af Frederiksted. Forfaldet var allerede på vej. Sejlene mangler på møllevingerne, hvilket dog kan skyldes, at møllen ikke længere malede sukkerrør, eller at det var orkantid og de kostbare sejl' bragt i sikkerhed.

Wheel of Fortune. Mr Dunlap.

Fish Market – Frederiksted. Bargaining place, social club and town meeting rolled into one, the fish market was the center of village life each morning when the sound of the conch shell horn signalled that the boats were bringing in the catch.

Fisketorvet i Frederiksted. På én gang handelsplads, selskabelig »klub« og mødested. Fiskemarkedet var hver morgen byens centrum, når man med konkyliehornet tilkendegav, at fiskebådene bragte nattens fangst ind.

F. L. Mueller. view in West End, St. Croix. 5 Dec. 1843

From Front Window – Mr. Mines' House. Frederiksted houses sketched from the window of the Rectory (thought to be then on Strand St.) where the Mortons were guests of the Anglican Minister, Mr. Flavel Mines.

Udsigt fra gadevinduet i Flavel Mines' hus. Frederiksteds huse er tegnet fra et vindue i præstegården (der dengang lå i Strandgade). Her var familien Morton gæster hos den anglikanske præst, Flavel Mines.

our front window
Min's house
S' Croix

Bay Street Looking South From The Fort. Frederiksted's strand looks tranquil and almost deserted in the mid-day sun while the cooper works under his slat shelter and children frolic on the shore.

Bay Street set mod syd fra fortet. Frederiksteds strand ser rolig, ja, næsten forladt ud i middagsheden, mens bødkeren arbejder under sin skærm af tremmer, og børnene morer sig på stranden.

90

Bay Street from the Fort, looking south

Frederiksted Harbor – West End. Now and then the Fort and Customs House area bustled with activity when ships from Denmark or the more-or-less monthly steamer from the 'States anchored in the open roadstead. It was from the ramparts of this Fort that Governor-General von Scholten was to proclaim the Emancipation before streets packed with rebellious slaves in 1848.

Havnen i Frederiksted, West End. Med mellemrum sydede det af travlhed på kajen mellem fortet og toldboden, når skibene fra Danmark eller den månedligt tilbagevendende damper fra Staterne ankrede op på reden. Det var på denne plads foran fortet, at generalguvernør von Scholten i 1848 proklamerede emancipationen for de oprørske slaver i de tætpakkede gader.

Fort

Custon

West end the place where visitors to the island
usually land —

La Grange. Mistakenly labelled The Grange by the artist, this famous estate was among the finest of the old West End plantations, belonging in turn to the Danish West India & Guinea Company, the Crown and the wealthy, titled Schimmelmanns. At one time it had its own little narrow-gauge railroad to haul sugar cane.

La Grange (som af kunstneren fejlagtigt benævnes The Grange). Denne berømte ejendom var blandt de fornemste af de gamle West End plantager, der tilhørte henholdsvis Det vestindisk-guineiske Kompagni, kronen og de velhavende Schimmelmanns. På et vist tidspunkt havde plantagen sin egen smalsporede jernbane til transport af sukkerrør.

New Year's Dance at La Grange. New Year's festivities culminated a week-long Christmas celebration on each estate in which the slaves elected Kings, Queens, Princes and Princesses for an all night dance. This was one of the few chances the slaves had to emulate their masters or to poke fun at them using the creole dialect in verse and song.

Nytårsdans på La Grange. Den ugelange julehøjtid kulminerede i nytårsfesten, hvor hver plantages slaver valgte deres konger, dronninger, prinser og prinsesser for én nat. Dette var en af de få lejligheder, slaverne havde til at være på lige fod med deres herrer og drive løjer med dem med rim og sang på kreolerdialekt.

View of La Grange from Mt. Washington. High in the western hills a gentleman and his lady, riding side-saddle, can view the West End shore all the way to Sandy Point. Ships lie at anchor in the Frederiksted roadstead.

La Grange set fra Mt. Washington. Højt oppe i de vestlige bjerge ser en mand og hans ledsagerske, der rider damesaddel, ud over West End-kysten helt til Sandy Point. På reden i Frederiksted ligger skibe for anker.

By courtesy of Mr. and Mrs. Donald N. Mott.

Prosperity. This estate lived up to its name except in years of severe drought or of hurricane, for it lies on a choice piece of fertile flat land past La Grange and bordering the sea. It was owned at this time by the prosperous Farrington family.

Prosperity. Med en ypperlig beliggenhed på den frugtbare slette mellem La Grange og havet levede denne plantage op til sit navn, Velstand – bortset fra i de svære tørke- og orkanperioder. Plantagen ejedes dengang af den velhavende Farrington familie.

Prospect

West End from Prosperity. When artist Morton looked back at Frederiksted and its open roadstead he caught the full sweep of the plantations and shoreline to Sandy Point with its great salt pond.

West End set fra Prosperity. Kunstneren ser mod Frederiksted og den åbne red og har tegnet hele kystlinien med alle plantagerne til Sandy Point med den store saltsø.

102

West End.

from Prospect 1 April.

Punch. The vista of Frederiksted and its bay is sketched again from the dramatic site where Estate Punch overlooks almost the entire West End of the island. In 1844, the heirs of Chamberlain Farrell owned Punch.

Punch. Udsigten over Frederiksted og bugten er igen her tegnet fra det dramatiske sted, hvor plantagen Punch ligger med udsigt over øens hele West End. I 1844 ejedes Punch af Chamberlain Farrells arvinger.

Sprat Hall from the Shore. Another of the fabulous western shoreline estates above Frederiksted. It has one of the oldest, continuously occupied Greathouses on the island; owned then by the McPherson family, some of whose portraits are in the Danish National Museum.

Sprat Hall set fra kysten. Billedet viser en anden af de berømte ejendomme langs vestkysten uden for Frederiksted. Den havde en af de ældste hovedbygninger på øen; på Mortons tid ejedes den af familien McPherson, hvis portrætter findes på Nationalmuseet i København.

Spratt Hall from the Shore

Northside. Artist Morton labels this estate as the »Seat of A. Stevenson«. This Adam Stevenson, Esquire, was a Vestryman at St. Paul's Anglican Church in Frederiksted and lived on one of the unique vantage points on a rise along the northwest shore.

Northside. Henry Morton noterer, at denne ejendom var A. Stevensons domicil. Adam Stevenson var medlem af menighedsrådet ved St. Pauls anglikanske kirke i Frederiksted og boede på et pragtfuldt sted på skråningen ned mod den nordvestlige kyst.

Paw-paw tree.

north side St
set of a St

Butler's Bay. This beautiful estate had one of the most imposing Greathouses on the island, lovingly restored some years ago. Its architecture, with a stone first floor and a magnificent second story arched gallery, is one of the finest examples of the way European styles were adapted to the needs of a tropical climate. Owned by Morton's friend, Major J. R. Sempill, who sailed to St. Thomas with him.

Butler's Bay. Denne smukke ejendom var en af øens fornemste plantagebygninger. For nogle år siden undergik den en gennemgribende restaurering. Bygningen står, bygget i sten, med et pragtfuldt søjlegalleri på første sal, som et af de fineste eksempler på, hvordan europæisk arkitektur blev tillempet behovene i det tropiske klima. Ejeren var major J. R. Sempill, Henry Mortons ven, som sejlede med ham til St. Thomas.

By courtesy of Mr. and Mrs. Mitchell Kennerley, Jr.

Bitling in the Gut. On beyond Butler's Bay lies Caledonia Gut, a deep and beautiful tropical watercourse. In this and the other streams the women bathed, washed clothes and enjoyed their daily news. Bitling probably means beating or battling the clothes over rocks. The term gut came to the British islands with the Hindu coolies who spelled it ghut or ghaut; its usage soon spread throughout all the islands to indicate any kind of streambed, whether overflowing or dry. The laundress on the right has elephantiasis, a mosquito-borne disease once fairly common but now eradicated.

Vask i bækken. Bag Butler's Bay løber Calodenia Gut, et dybt, naturskønt, tropisk vandløb. I denne og andre bække badede kvinderne og vaskede deres tøj, mens de udvekslede dagens nyheder. Ordet Gut (bæk) kom til de engelsk-vestindiske øer med hindukulierne, som stavede det ghut eller ghaut; snart spredtes glosen over alle øerne i betydningen flodseng, det være sig våd eller tør. Kvinden længst til højre har Elefantiasis, en dengang ret almindelig sygdom, der spredtes af myg; den er nu udryddet.

Bathing in the Gut.
St. Croix

Pasture Boy and Silk Cotton Tree. Again, boys, donkeys and huge shade trees are caught in a typical rural scene, probably repeating itself a dozen times as the artist's carriage ambled along the west shore road.

Vogterdreng ved kapoktræ. Endnu en gang har kunstneren afbildet drenge, æsler og store skyggefulde træer i en typisk landlig scene, som han må have mødt snesevis af gange, når vognen skrumplede af sted på vejen langs den vestlige kyst.

114

Pasture Boy & Silk Cotton tree.

44

Watchhouse Near Ham's Bay. Almost every plantation had its small watchhouse; on some they were at the front gates, possibly with a watchman to greet guests or check on slave movements; on others they stood in the fields where presumably women could tend or leave their babies, or where guards could keep a sharp watch on slave workmen.

Vogterhus ved Ham's Bay. Næsten alle plantager havde små vogterhuse, nogle beliggende ved indkørslen, måske for at vogteren samtidig kunne tage imod eventuelle gæster og holde øje med slaverne. Andre lå på sukkermarkerne, så vogterne nøje kunne holde opsyn med slaverne, eller man anvendte husene til ophold for spædbørn, hvis mødre arbejdede på marken.

116

Watch house near Flens Bay.

Ham's Bluff. The building shown in this bold sepia drawing has long since fallen into ruin. Artist Morton has given us our only picture of the way it looked as a sugar plantation. Today the Coast Guard Station occupies the old estate, while the Ham's Bluff Lighthouse now towers high above on the promontory.

Ham's Bluff. Bygningen, der er gengivet i en kraftig sepiategning, har længe henligget i ruiner. Henry Morton har hermed givet os det eneste billede, der findes af ejendommen, da den fungerede som sukkerplantage. I dag ejes Ham's Bluff af kystbevogtningen, og fyret rejser sig tårnhøjt på forbjerget.

118

Ham's Bluff

Mr. and Mrs. W. de Nully. The de Nullys were descendants of French Huguenots who intermarried with Dutch families on St. Eustatius Island before moving to St. Croix in the mid-1700s. W. de Nully became the owner of Estate Slob and other large sugar plantations.

Hr. og fru W. de Nully. De Nully-familien var efterkommere af de franske huguenotter, som indgiftede sig i hollandske familier på øen St. Eustatius, før de i midten af 1700-tallet flyttede til St. Croix. W. de Nully ejede flere sukkerplantager, bl.a. Slob.

Mr. and Mrs. Bourke. The Bourkes (or Burkes) came to St. Croix from Ireland in the early 1700s. An Edmond, Count Bourke was born on St. Croix but educated in Europe. He became a Danish diplomat, negotiated and signed the peace of Kiel in 1814. Presumably the portraits are of his son and wife who lived at Castle Bourke in mid-island on the old family sugar plantation.

Hr. og fru Bourke. Familien Bourke (eller Burke) kom til St. Croix fra Irland i begyndelsen af 1700-tallet. Grev Edmond Burke blev født på St. Croix, men uddannet i Europa. Han blev senere dansk diplomat og underskrev i 1814 Kielerfreden efter at have deltaget i de forudgående forhandlinger. Portrætterne her forestiller formodentlig hans kone og deres søn, som boede på Castle Bourke i familiens sukkerplantage midt på øen.

Mr. and Mrs. Abbott. Joseph and Jane Abbott owned South Gate Farm and nearby Mt. Roepstorff east of Christiansted, but like many other planters maintained a town house for convenience, theirs being on Hospital Street in Christiansted.

Hr. og fru Abbott. Joseph og Jane Abbott ejede Southgate-plantagen og det nærliggende Mt. Roepstorff øst for Christiansted, men havde som så mange andre planterfamilier en byejendom. Abbotts hus lå i Hospitalsgade i Christiansted.

Donated to the St. Croix Landmarks Society by Mr. and Mrs. Howard Mott.

William Farrington. The Farringtons were a prominent family with several plantations on St. Croix in the 1840s. This is probably the husband of the Mrs. Farrington who owned Estate Prosperity. Danish laws allowed women liberal inheritance rights and legal title even after their marriages.

Lt. Thulstrup. D.N. This portrait shows one of the many young Danish naval officers sent out on a tour of responsible duty in the West Indies. Sometimes they returned with a wife, for the local belles competed seriously for the attentions of such good prospective husbands.

William Farrington. Farringtonerne tilhørte de prominente familier på St. Croix, der i 1840rne ejede adskillige plantager. Billedet viser efter al sandsynlighed ægtemanden til den fru Farrington, som ejede Prosperity. De danske love gav kvinderne fri arveret og ret til at eje ejendom, også efter indgået ægteskab.

Løjtnant Thulstrup af den danske orlogsmarine. Dette portræt viser en af de mange unge danske søofficerer, der blev udsendt for at gøre tjeneste på de vestindiske øer. Det hændte, at officererne bragte en hustru med tilbage til Danmark, da de lokale skønheder konkurrerede hårdt om eventuelle ægtemænds opmærksomhed.

Donated to the St. Croix Landmarks Society by Mr. and Mrs. Howard Mott.

Quincy Morton on the Ship Emily. Last in this St. Croix series is this informal study of the artist's brother aboard the Emily, perhaps the vessel on which the Mortons returned to Philadelphia as the sketch is dated May 15, 1844. Quincy still doesn't look in the best of health!

Quincy Morton på skibet Emily. Det sidste billede i serien fra St. Croix er denne skitse af kunstnerens broder ombord på Emily, med hvilket Morton sandsynligvis vendte tilbage til Philadelphia, idet datoen på skitsen er 15. maj 1844. Quincys helbredstilstand ser dog ikke ud til at have forbedret sig.

ship Emily. 16 may

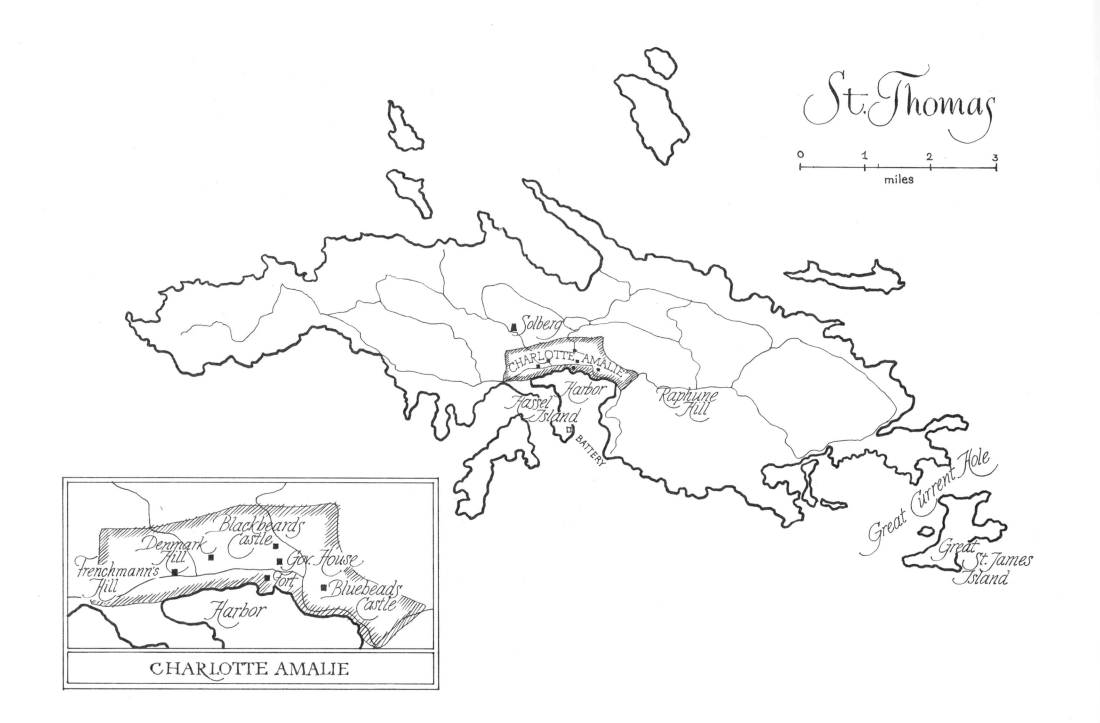

St. Thomas

0　1　2　3
miles

Solberg

CHARLOTTE AMALIE

Harbor

Hassel
Island

BATTERY

Raphune
Hill

Great Current Hole

Great
St. James
Island

Blackbeards
Castle

Denmark
Hill

Gov. House

Frenchmann's
Hill

Fort

Bluebeads
Castle

Harbor

CHARLOTTE AMALIE

ST. THOMAS SKETCHES / ST. THOMAS SKITSER

The following series of seven sketches made by Morton on his St. Thomas visits are from the collection of Mr. and Mrs. Lindsley R. Bailey.

Approaching St. Thomas. Aboard the Mercurius, Danish Naval Brig, Lt. Lund and O'Farrel, the pilot and a Danish 'gendarme' keep a lookout. The Mercurius, on which Morton sailed, was a new Danish Navy ship built in Copenhagen in 1837, destined to be stationed many times in the West Indies. Its Captain from 1843-45 was Lieutenant-Commander John Christmas who later was to govern the Danish islands. His second-in-command was Lieutenant Magnus Christian Thulstrup whose portrait appears in this Sketchbook with the Mercurius in the background.

St. Thomas forude! Om bord på Mercurius, den danske orlogsbrig, holder løjtnanterne Lund og O'Farrel, lodsen og en dansk gendarm, udkig. Mercurius, som Morton sejlede med, var en ny dansk orlogsbrig, bygget i København 1837 og flere gange udstationeret i Vestindien. Dens fører fra 1843-45 var kaptajnløjtnant John Christmas, som senere blev øens guvernør. Hans næstkommanderende var løjtnant Magnus Christian Thulstrup, hvis portræt findes i skitsebogen.

Mercurius 7 Feb 18.44
St Thomas

Sail Rock, Near St. Thomas. This famous rock sometimes at night resembles a ghostly ship in full sail; once causing a French frigate to bombard it in the moonlight, thinking it was an enemy warship.

Sail Rock nær St. Thomas. Den berømte klippe ligner ved nattetid undertiden et spøgelsesskib med fuld rigning. En fransk fregat bombarderede den engang i månelyset i den tro, at klippen var et af fjendens krigsskibe.

134

Sail Rock - near St. Thomas
20 Thorp.

St. Thomas from the Harbor. Actually drawn from just outside the harbor, this scene shows the main hills on which St. Thomas was built; each has borne many names over the centuries. Sailors often called the first three Foretop, Maintop and Mizzentop. By Morton's day, they were Frenchman's Hill, Denmark Hill and Blackbeard's or Government Hill. At the far left is the Hassel Island battery and to the far right is the famous Bluebeard's or Luchetti Hill.

St. Thomas set fra havnen, eller rettere lidt uden for havnen. Tegningen viser de store høje, hvorpå St. Thomas blev bygget, og som gennem århundredernes løb har båret mange forskellige navne. Søfolk kaldte de første tre Fortop, Mesantop og Stortop. På Mortons tid hed de Frenchman's Hill, Denmark Hill og Blackbeard's eller Government Hill. Yderst til venstre ser man Hassel Island-batteriet og yderst til højre den berømte Bluebeard's eller Luchetti Hill.

omas
the harbour

St. Thomas – Fort Christian. This tan colored sketch is dated later than the others and was probably done as the Mortons waited to sail home to Philadelphia in May of 1844. The building below the lovely old fort was probably a small guardhouse.

St. Thomas. Christiansfort. Denne sepia tegning er blevet til noget senere end de andre, muligvis mens Morton ventede på skibslejlighed til Philadelphia i maj 1844. Huset neden for det prægtige gamle fort var sandsynligvis en mindre vagtbygning.

Fort S? Thomas

near Corull? 16 May 47

S? Thomas

St. Thomas from Raphune Hill. Twenty-two sailships ride serenely at anchor in Charlotte Amalie's harbor. To the right is Bluebeard's Tower, at the time a summer home of a wealthy St. Thomian. Solberg is in the background.

St. Thomas set fra Raphune Hill. Toogtyve sejlskibe ligger for anker i Charlotte Amalies havn. Til højre ses Bluebeard's Tower, på den tid sommerresidens for en velhavende St. Thomasborger; Solberg ses i baggrunden.

St Thomas
from Raphoon hill

Silk Cotton Tree – St. Thomas. Morton was entranced by the ponderous angularity of these impressive trees and sketched them often. He provides no explanation of the scene on the road where slaves appear to be fleeing the wrath of an overseer who caught them resting with their hoes.

Kapoktræ på St. Thomas. Morton var betaget af den massive og tunge kantethed, som prægede disse imponerende træer, og han tegnede dem ofte. Han giver ikke selv nogen forklaring på dette intermezzo på vejen, hvor slaverne synes at flygte for en opsynsmands vrede, fordi han har grebet dem i at holde hvil under lugearbejdet.

Quin & Helen, St. Thomas, Waiting For the Ship. In those days of leisurely travel on sailships the passengers waited until the ship showed up. The artist's wife and his brother while away time along the shore under an umbrella on a hot day, waiting for the monthly boat from the 'States.

Quin og Helen på St. Thomas ventende på skibet. I hine afslappede rejsetider ventede passagererne tålmodigt, indtil skibet viste sig. Kunstnerens broder og hustru fordriver tiden på stranden under en skærmende parasol, mens de venter på den månedlige båd fra Staterne.

144

Queen & Helen St Thomas
waiting for ship?   May 16. 1844

St. John

0   1   2   3
miles

Water Limon Cay
Leinster Bay
Water Limon

Maho Bay
Dennis Bay

Klein Caneel Bay
Susanna berg
Centerline Road
Carolina
Emmaus
Forts berg

Cruz Bay
Beverhoudtsberg
Adrian
Camelberg Peak
Bordeaux Mt.
Turner's Point

ST. THOMAS
Petroglyphs
Reef Bay
Coral Bay

Great Current Hole
Great St. James Island

Reef Bay

ST. JOHN SKETCHES / ST. JAN SKITSER

The following series of sketches made by Morton on his visit to St. John are from the collection of Mr. Laurance Rockefeller, unless otherwise noted.

Danish Brig-of-War Mercurius. Artist Morton went along when the naval brig took over a relief detachment of men to the Battery at Leinster Bay, St. John. He shows the brig in great danger off Great Current Hole near Great St. James Island in the St. John–St. Thomas channel.

Den danske orlogsbrig Mercurius. Det var ombord på dette skib, at kunstneren Morton rejste til St. Jan sammen med det detachement soldater, der skulle afløse kompagniet på Leinster Bay batteriet. Morton tegner skibet i en farlig situation ud for »det store orkanhul« nær Great St. James-øen i sundet mellem St. Jan og St. Thomas.

148

His D. M. brig *Mercury* i day
of meet off St Johns.
Great current held

K. C. Bay From The House. Today Caneel Bay Plantation is on the site of this famous old Estate Klein Caneel – Dutch for Little Cinnamon Bay (not Kline Canile as the artist spells it). In the foreground is the thatched roof animal mill for grinding sugar cane, with the east end of St. Thomas just across the channel.

K.C. Bay set fra huset. I dag ligger plantagen Caneel Bay på det samme sted som forhen den berømte gamle ejendom Klein Caneel (hollandsk for Lille Kanel bugt). I forgrunden ses den stråtækte hestemølle, der drev sukkerkværnen, og lige på den anden side af sundet den østlige del af St. Thomas.

R. C. Bay from the house
Klein Camile
'44

Leinster Bay, St. John. Sketched from a hillside, the scene is of Estate Water Limon (Lemon) with its small sugar factory, slave village and Greathouse beyond on the hill. Water Limon Cay is to the upper left and the Mercurius rides at anchor below.

Leinster Bay på St. Jan. Billedet, der er tegnet fra en bjergskråning, viser plantagen Water Limon (Lemon) med det lille sukkerkogeri, slavelandsbyen og hovedbygningen på bjerget bagved. Water Limon Cay ses øverst til venstre og Mercurius ligger for anker nedenfor.

large village

Lorenz Bay

St Johns

Leinster Bay, The Mercurius and its Shoreboat. Morton mentions a gun battery to »protect the property of the Planters from the danger which results from the nearness of the British Island of Tortola«. Tortola also was an inviting escape spot for Danish slaves after the British granted freedom in 1834.

Leinster Bay. Mercurius og dens chalup. Morton nævner et kanonbatteri, som skulle beskytte mod den fare, der truede fra Tortola, den nærliggende ø i engelsk besiddelse. Tortola var et indbydende tilflugtsted før danske slaver, efter at englænderne i 1834 havde ophævet slaveriet.

St Johns

Simato Bay
44

Carolina Estate, St. John. Its buildings now in ruins, Carolina was once one of the most flourishing sugar estates on the island; overlooking Coral Bay where the first Danish headquarters were located.

Carolina på St. Jan. Ejendommen, der nu er i ruin, var engang en af de mest blomstrende sukkerplantager på øen, med udsigt over Coral Bay, hvor det første danske hovedkvarter lå.

See pages 158-159   From the collection of the St. Croix Landmarks Society.

Coral Bay From Emmaus Moravian Station, St. John.
Sketched from the imposing Moravian settlement the view across the bay shows the old Danish Customs House on a slight rise. The Mission was established when the King gave permission for the Moravians to educate the slaves.

Se siderne 158-159

Coral Bay, fra Herrnhuter Missionsstationen Emmaus på St. Jan.
Tegnet fra den imponerende Herrnhuter-koloni, og tværs over bugten ser man det gamle toldkammer. Missionsstationen blev oprettet, da kongen gav tilladelse til, at Herrnhuterne måtte undervise slaverne.

Marsh

Carolina Estate, from the Bay
St. John's

Carolina Estate, St. John's

Coral Bay from Amos

Moravian Station
St John's

Turner's Point, St. John. At the end of a long peninsula centered in the magnificent Coral Bay, Turner's Point faces the open sea and was a landmark for all incoming ships headed for the fort and first government headquarters established on St. John.

Turner's Point, St. Jan. På spidsen af den lange halvø i den skønne Coral Bay ligger Turner's Point ud mod det åbne hav. Det var et sømærke for alle indgående skibe med kurs mod fortet og det første guvernementshovedkvarter på St. Jan.

Tumus Point. St John. W Indies

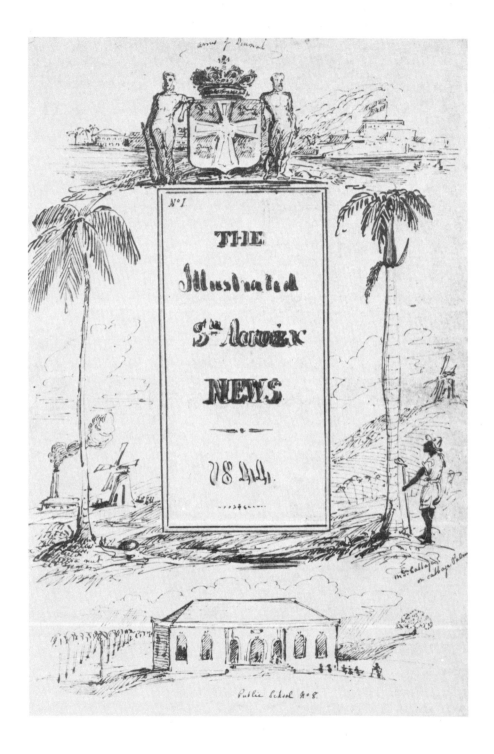

This printed version of Morton's manuscript Diary follows the original as closely as it is possible to do in modern type. Facsimiles of the original are shown on the front and back inner covers. Blue ink was used for his text and informal sketches, with occasional embellishment of watercolors and washes where indicated. The text covers in detail his trip by sail to St. Thomas and St. John, and has, as well, several sections of observations on the ways of daily life in St. Croix.

[Diary cover with blue ink sketches of the Arms of Denmark, a »Mountain Cabbage« palm and Public School No. 8. The lettering is in blue and black ink with red and green watercolor outlines. The artist apparently changed his mind about the title: having lettered it as St. A CRUZ, he imposed CROIX over the CRUZ.]

HENRY MORTON DIARY / DAGBOG

The original illustrated manuscript of Morton's Diary is from the collection of Mr. and Mrs. Robert D. Graff.

The Illustrated S.t Acruz NEWS.

St. Croix or Santa Cruz of which Fredericksted is the Town of 2d Importance – lies nearly East and West –, being about 25 miles in length and seven at its greatest breadth.

Frederiksted is located at the West End, and built upon a portion of a level, of several miles square which has in its rear a range of high and verdant mountains assiduously cultivated to their summits with the sugar cane – the Ravines – and vallies, sustain a strong and beautiful growth of the Tamarind – Mountain Cabbage – Cotton and other Trees.

'Fredericksted' fronts West with Bay Street runing North & South – lined with neat and solid houses, from which an unobstructed view is afforded of the shipping at anchor distant from the shore from one to three hundred yards, at both of which extremes, vessels of 25 feet draft may ride from their cables. The Horizon of the ocean, bounds the prospect beyond.

Two of us at Fredericksted had the honor of being invited by His Exc.y – the Governor Gen.l – Van [von] Scholten to accompany Major Sempill, on a visit to the Island of St. Thomas & St. Johns (Danish Possessions) on board His Majesty's Brig of War 'Mercurius' commanded by Cap.t Christmass whose superadded politeness gave assurance of an interesting excursion.

On Monday Evening Jan.y 12th we went on board with Major S. and at about 10 – by brilliant star light, the Brig was got under way – all the movements toward which – such as weighing the Anchor – unfurling & trimming the sails etc. were performed with a promptitude and order, indicative of perfect discipline and thorough comprehension of duty.

The Breeze freshened, and in a few minutes the North Point of the West End of the Island called »Hams Bluff« was left behind.

Hams Bluff.

"Ship Sail Rock"

[Gray watercolor over pencil sketch]

At. 12. The sleeping quarters were resorted to, which consisted of a couple of temporary births [sic] arranged upon the cushions on each side of a tolerably spacious after Cabin on deck, exclusively appropriated for the accommodations of the *distinguished Strangers*.

After a quiet and profound sleep, they went upon deck, and had administered, a cup of strong and clear coffee with a biscuit, as a main stay & tonic until the hour of Breakfast.

What appeared to be a ship under sail, was noticed in the West, about two leagues distant from the land, and standing off – again, it presented the outline of an Ice Berg – But the doubt was solved by Information of its being a Rock known as *»Ship Sail« Rock*. And a story is generally narrated, »That a Frigate during the night lay along side and delivered several broadsides, before becoming undeceived in the supposition of meeting an enemys ship.

The Town of St. Thomas – stands at the extremity of a deeply Indented Bay, the entrance to which was reached at about 8 oclock in the morning – the distance from Santa Cruz is about 35 miles – To avoid the delay of having to beat out of the Harbor, when departing, our Anchor was let go at about a mile from the town.

From where we lay, the head lands surmounted by Forts from which the Danish Flags were flying – The Town – and Mountains rising in its rear altogether presented a Romantic and highly Picturesque combination, aiding which, was a fleet of about 60 vessels at Anchor, and among them riding conspiciously was The U S Sloop of War Preble – Capt Freelon, arrived the day before from Boston.

At a distance, the Town has the appearance* of being built upon three Hills protruding from the Mountain in the rear, each group of houses, crowned by something resembling a castellated Edifice. From a contemplation of impressive natural and artificial scenery and prospect – the Lookers On, were summoned to an abundantly supplied Break Fast table where Nature and Art again combined

St Thomas from the sea

* St. Thomas is built upon three shoulders of the mountains rising in the rear. Has but one level street fit for carriages.

and consummated the feast which the more Ethereal Senses had already drawn from her prolific hand.

At 10 oclock, a Six Oared Gig, (American Built) was manned by fine looking Danes (who as efficient sailors are unsurpassed) and under the escort of Capt Christmass – after passing among numbers of the vessels at anchor the party were landed at the Kings Wharf, from whence a walk of a hundred yards, overarched with cocoanut & Thibet trees conducts to & ends at the main street. The party proceeded at once (through streets thronging with negroes of both sexes – all sizes and costumes, ranging in quantity from yards to half a quarter –) to the Residence of the Governor of St. Thomas, Major General etc etc 'Soebotker' [Søbøtker] (pronounced Soubecker) by whom they were received with great Kindness and Courtesy & Invited to Dinner with his Exc^y the same day at 4 oclock.

The Residence of the Governor is a spacious and conspicious Edifice – covering a large area, and giving an immense saloon (used for reception & entertainment) some 50 feet by 120, commanding from the French Windows, a view of and over the town – Fats Bay [Fort Bay or Flat Cays?] part of the East & West shores of the place, and so out to Sea, with the Island of St. Croix visible at the extreme point of perspective.

His Exc^y had been at N York and Boston during 1825 – and received attention from & formed personal acquaintance with Genl M. and various other Individuals in the N States.

After leaving His Hall (which He never quits or returns to except upon wheels, the vehicle which is moved by them, regularly *doing up the Horses* which perform the feat of dragging it & his Exc^y up the steep). The visitors, were through the attention of Major

[The Governor-General in his carriage].

Semple [Sempill] & his friends Mess^r Morrison & Neisch mounted upon fine sure footed private ponies and being provided with a mounted domestic as a guide, proceeded by an undulating & shaded road towards the Hills on the East, for the purpose of taking a profile look at the Town & Bay.

After passing – 'The Pirates Look Out' a Tower upon an eminence, so called from association with the not very remote, Ocean Robbers who 'Rendezvous'd at St. Thomas, an elevation known as »Raphoon Hill«, about 3 miles from the town, was reached, from whence seated under the ruins of a stone built Mill St. Thomas could be enjoyed from the East also under a new aspect. While here, a few slight showers were felt, with cool gusts through the mountain gorges – the Ponies being again resorted to, brought the riders safely back to town, from whence after a brief rest, they again took to the roads, and set off towards the West, in search of a, reputedly gigantic Silk Cotton tree, which was attained after a ride of three miles.

Each of the horizontal branches of this enormous affair would if placed upright, constitute a ponderous and formidable tree – numerous parasites had effected a lodgment, and presented curious anomalies of vegetation and leaf.

Upon our return to town, we were indebted to the civility of Mr. Morrison, for an agreeable collation at his *Bachelor quarters*, where Major Sempill joined us, and who complained of so much fatigue as to render immediate repose necessary.

Major S. had walked up to the Governors quarters, twice during the morning – and subsequently had further fatigued himself by calling and transacting business in various parts of the town.

At 4. Tho' feeling much better, He would not venture upon the excitement of Dining with His Excellency.

The Indisposition which had thus commenced continued, though without any dangerous symptoms, until the following Friday, and on Saturday the 17th of February, terminated fatally for this inestimable man, and most disastrously to his Family – his friends and the public at large, among whom, but one Opinion seemed to prevail, that Society and all Its most valued Institutions had sustained an irreparable loss by his unlooked for death.

It requires to have passed but few hours of friendly intercourse with Mr Sempill, to testify from experience, that all the virtues

[Silk cotton tree]

167

Turners Point

Nurses, determined to take care of himself, and be ready to rejoin the Brig when she should return for him on the second day following.

Under these prospects, we repaired on board, and getting under way at about 10 o clock, beat up during the night to St. Johns and at seven o clock, were passing Turners Point.

From Turners Point, a freshening breeze carried us in a short time to *Linster* [Leinster] *Bay* where the Brig Anchored. At this post, a guard of sixteen men under the command of an Officer is stationed, for the purpose of protecting the property of the Planters from the danger which results from the nearness of the

and courtesies which adorn and dignify social life were identified with him, and in constant operation and had become so conspiciously a part of his nature as to induce a temporary forgetfulness of the exigencies of his own malady, to care for the comfort of those, whom he felt were in some measure under his friendly protection.

Returning from Dining with the Governor – Major Sempill, though not apparently worse, felt that it would not be prudent for him to carry out the original intention of going on board the Brig and starting for St. Johns that night – He expected however to be able to accomplish this in the morning.

On consultation with Capt Christmass, this delay was deemed not expedient, and Major S. made up his mind to forego the visit to St. Johns – and having around him – old friends and efficient

Leinster Bay

British Island of Tortola. The Guard in question was relieved by a new detachment from the Brig.

Mr. and Mrs. Wallace, occupy the most prominent elevated situation at Linster Bay; which was found to be a spacious and admirably arranged Establishment, containing among other things of interest, an extensive and judiciously selected Library, the property of Mr. Bergh who lives at St. Thomas and is the proprietor of the Estate upon which Mr. Wallace resides and supervises as Manager.

Our clever Captain having bespoken for us facilities for travelling about the island – the exertions of Mr. Wallace procured horses, and on the way to the Estate of Mr. Kenevill's,* after a warm ride, we came upon 'Mahoy bay', close to which was a pretty little shaded spot, where we halted to rest and sent a boy up one of the trees for Cocoanuts, from which a cool and long drink was enjoyed. A venerable and picturesque looking old Negro, Known as »African Charley« was seated under a tree plaiting Mats – and at a short distance beyond, upon the bay, were to be seen a fleet of some 60 Pelicans.

A mile or two further, we left the main road for a short cut across a hill, by what is called Crook Path (from the Iron Crook hung over the Mules for carrying bundles of the Sugar cane) the zig zag road up the steep seemed rather a ticklish affair, and but for the sure footedness and climbing tact of the ponies, not free from danger.

* Kenevill apparently refers to the Henry S. Knevels who owned Beverhoudtsberg but who lived at the combined estates of Susannaberg and Denis Bay. He was a *Stadshauptman* and member of the Burgher Council and acted as Attorney for Morton's St. Croix friends, Major Sempill and Dr. Ruan who jointly owned Little Caneel Bay plantation on St. John.

We lunched with Mr. Kenevill's at 12 – Dined with him at 5 – got on board the Brig at 10 – same night – was under way at 6 next morning – off St. Thomas at 10 – and having taken Mr. Sempill on board, anchored at West End, St. Croix, at 5 in the afternoon – being Thursday, Feb. 15th.

We found at Anchor the U.S. Frigate Potomac and Sloop of War Preble.

'St Johns.   Mahoy Bay. Mar 14 Feb.
                                        1844

Among other mementoes of our journey, we brought home the fruit of the Screw Pine.

[Green, red and brown watercolor of Screw Pine fruit]

This is about fourteen inches diameter – weighs from 10 to 12 lbs. The stock from whence it springs is very singular supported on numberless short shafts and having a gradual twist from the root upward. In a future number of the Illustrated News we promise our readers a drawing of this remarkable tree – the wood on the island of St. Johns abound with singular plants. Among the most curious is a parasite which perches itself on the tops of trees then sends down shoots (like so many thin ropes) in direct lines to the ground. These tendrils are stretched tight like the standing rigging of a ship & present the most artificial appearance. In making our way through a dense growth of trees & underwood in a visit to a water fall – the four negroes who pioneered us, laid open with their hatchets many vistas through which these strange tensic chords were seen, bracing down the trunks of limes or dogwoods

– beautifully contrasted with the large & bending leaves of plants of whose very name we were ignorant.

[Woods, vines and two men]

The Weather 25th February, 1844
Our island was visited on the 25 by an unusual outbreak of wind and rain. At 11 a m the wind was blowing fresh from the S.W. Suddenly it shifted to West, then to NW bringing a deluge of rain which continued for five hours with little intermission. From 28 to 38 lines [an old Danish measurement] of water fell on the

plantations reviving the hopes of proprietors which were beginning to droop. *In Church* the shower was also *abundant* but *partial*. Those of the congregation seated on the North side were plentifully sprinkled through the roof also those near the reading desk and chancel. The Rev^d & the clergy stood their ground with the resolution which characterizes Religious Enthusiasm in all cases of peril and persecution but we noticed that the congregation very generally shifted their positions seeking refuge in »*dry places.*« A wind from the West or South West is almost unheard of during the winter months in this island. The cold during this gale was *excessive* – the thermometer falling in some places as low as 74°! of Fahrenheit – generally to 76°! The negro population suffered much from the *inclemency* of the weather & were generally observed sitting with their heads under their arms & their hands clasped around their ankles!

171

The Markets

The supply of provisions this year has been much better than during the last – Frequent rains have brought forward the potato crops [and] green peas are good though not abundant. Salads and very fine yams, bananas – mangoes – bell apples – guavas and other fruit as plentiful – to be had at a reasonable price. For example Guava fruit at an *old bit* for as many as one person can carry away. Mangoes a penny the dozen – cocoanuts however are high!! – few sellers being willing to part with their fruit for less than a *stiver* the bags full. This is exhorbitant but is hoped that the governor will interfere and regulate the price of nuts as he has the price of *bread*.

Fish are plentiful and fine – Groupers, Greenlies, Grinders and Greybacks in abundance Angels less numerous. Jews fish scarce it being the season of Lent. Doctors, Welshmen, Snappers. High

crowned Ladies – Hedge hogs – goat fish – Devil fish, Butter fish and Snappers – flap about in the bottom of every boat that lands and by their variety of colours & oddness of shape give great life to the Fish Market.

[Pencil sketch of Madame Rothe and four men; a Major, a Captain and a Colonel; the names not all readable]

172

Madame Galanthe, Celeste, Rothe (Rota) born in *Copenhagen*, for whom the above sketch is intended, would have given to Sir Walter Scott perfect outlines for his *Supurb Rebeca* and could Shakespear but have seen »*her like*«, one of his plays would have been so far changed at least, as to have made *Hamlet* »*the damp moist unpleasant body*« instead of the »*sweet* Ophelia.«

> The lady is but in her twentieth year, and
> »In her youth, there is a prime, and
> »Speechless dialect, such as moved men.
> »And well she can persuade.«

With her Father she has been in Africa, resided in Greece, and visited most of the European Courts – speaks several languages & among them English, with a charming accent. Has raven hair – large lustrous black eyes – fine forehead – an aquiline nose, – short upper lip – Ivory teeth – inexplicable mouth – swan neck – falling shoulders – a correctly proportioned figure & above the common size.

> »There's language in her eyes – her lip
> – Her cheek – nay – her foot speaks.«

She has (strange if she had not) surprising perspicasity and discrimination for discerning & estimating, Clerical abilities, and general promiscuous accomplishments especially when exceling [?] in the *Prot^t Epis^c Church* and possesses the rare talent of »listening well«, to *those clever people* who are found a »leetle« fond of talking.

Whenever in public This fair subject of the Royal Majesty of Denmark has assembled within »ear shot« The *Professions*, of *Love, Law* & *Physic; Divinity,* & *Arms.*«

The Crops. The late abundant rain (which has been followed up by several showers) has revived the hopes of the planters. The cane patches already show the influence of these timely sprinklings and the pasture land is required by each estate to support the mules & cattle employed in *carrying* and often in *grinding* the cane. When the wind is low the *mule mill* is resorted to & at times both wind and mule mills are kept in operation. This use of the mules and jacks in grinding gives rise to many curious and characteristic scenes. The large droves consisting of from 20 to 30 animals are generally in keeping of two half-clad lads – who armed with immense whips – (long rope-lashes attached to short wooden handles) either stand watching their charge on the hill side – occasionally cracking their thongs with a noise like the

liquor & the crushed canes (called here magass) [megass or bagasse]. A trough of this kind erected on the Bellview [Bellevue] Estate has a descent of 200 feet or more, at an angle of 45°. Down this trough there was lately heard a strange rumbling bellowing sound which caused an instantaneous gathering of the negroes around its mouth. Suddenly a figure shot out at rail-road speed with prodigious vociferation, to the great dismay of the spectators – who recovering from their frights found that it was nothing more nor less than an Irish overseer, who being in a hurry to get down to the works, had seated himself on a heap of Megass in the huge gutter, & thus, with the loss of all his outer garments & some of his hide had found out a *short way from the mill!*

report of a pistol – or at other times leaping, running, shouting and lashing on the flanks of the droves as they take them out or bring them back from pasture – In riding about the island these droves are constantly met, particularly in the morning & at sun set. The rattle of the hoofs & shouts of the boys giving notice long before hand of the approach of the cavalcade which is made to turn aside & afford room to the sides, by the ready and remarkable skill of the little herdsmen.

A Short Way from the Mill. When the wind-mill on an estate is erected upon some hill adjoining the works, it is necessary to build a trough from the mill to the boiling house to convey the

[Sketch with gray watercolor wash].

174

HENRY MORTON DAGBOG

Mens den foranstående engelske gengivelse af Henry Mortons dagbog følger originalen så nøje, som det er muligt, også med hensyn til tegnsætning, stavemåde o.a., er følgende gengivelse af dagbogen på dansk en ret fri oversættelse, som ikke har lagt særlig vægt på at gengive forfatterens særlige stil og udtryksmåde. Se tegningerne side 162-175.

St. Croix eller Santa Cruz, med Frederiksted som næstvigtigste by, ligger næsten øst-vest, 25 miles i længden og 7 miles på det bredeste sted.

Frederiksted ligger på den vestlige ende af øen og er bygget på en del af en adskillige kvadratmil stor slette, der begrænses af en række høje bjerge, dækket af grønne vækster og ufortrødent dyrket med sukkerrør helt til den højeste tinde. Bjergkløfterne og dalene er bevokset med prægtige store tamarinder, kålpalmer, kapoktræer og andre træer.

Frederiksteds facade mod vest er Bay Street, der løber fra nord til syd kantet af de nydelige velbyggede huse, hvorfra den besøgende præsenteres for en uhindret udsigt over skibe for anker i en afstand af mellem 100 og 300 yards fra kysten, indenfor hvilke grænser fartøjer, der stikker 25 fod dybt, kan ankre op. Langt ude begrænses billedet af havets horisont.

To af os havde i Frederiksted den ære på Hans Excellence von Scholtens invitation at ledsage major Sempill på en rejse til øerne St. Thomas og St. Jan (også danske besiddelser) ombord på orlogsbriggen Mercurius under kommando af kaptajn Christmas, der med overmåde høflighed lovede en interessant udflugt.

Mandag aften den 12. januar gik vi ombord med major Sempill, og ved 10-tiden stak briggen til søs i tindrende stjerneskær, efter at al behørig forberedelse til afrejsen, såsom at lette anker, sætte og trimme sejlene o.s.v. var blevet udført prompte og med perfekt disciplin.

Brisen friskede op, og snart stod vi forbi West Ends nordligste punkt, kaldet *Ham's Bluff*.

Klokken 12 gik vi ned i vor kahyt, som bestod af et par midlertidige køjer, der var redt op i sofaerne på hver side af den nogenlunde rummelige agterkahyt på dækket, udelukkende indrettet til brug for de fornemme gæster.

Efter en dyb og rolig søvn gik gæsterne op på dækket, hvor de drak en kop stærk kaffe med en beskøjt som styrkende middel til at stille sulten indtil frokosttid.

Mod vest, omkring 6 sømil fra kysten, blev iagttaget noget, der syntes at være et fartøj under sejl, og da vi gik op nær kysten, tog genstanden form af et isbjerg. Men al tvivl forsvandt, da vi fik at vide, at genstanden var en klippe kendt som *Ship Sail Rock*. Det fortælles, at en fregat ved nattetide løb op ved siden af den og affyrede flere bredsider, før man fik øjnene op for, at der ikke var tale om et fjendtligt fartøj.

Byen St. Thomas hæver sig over den dybt indskårne bugt. Vi passerede indsejlingen ved otte-tiden om morgenen; afstanden fra Santa Cruz er næsten 35 miles. For at undgå forsinkelse ved

176

at skulle krydse mod vinden, når vi skulle ud af havnen ved afrejsen, lod vi ankeret gå godt og vel 1 mile ude.

Fra vor ankerplads frembød øen, hvor forterne med de vajende danske flag ragede op, byen og de bagved liggende bjerge et romantisk og malerisk skue, hvortil kom det prægtige syn af en flåde på 60 fartøjer for anker i bugten, blandt hvilke den amerikanske krigschalup Preble, nys ankommet fra Boston under kommando af kaptajn Freelon, især var iøjnefaldende.

I nogen afstand ser det ud som om byen* er bygget på tre bjerge, som stikker ud fra bjergkæden i baggrunden, og hver gruppe huse krones af noget der ser ud som en fæstningsagtig bygning. Efter således at have betragtet det betagende sceneri, præget af både naturskønhed og menneskelig virksomhed, blev beskuerne sammenkaldt til et rigeligt forsynet frokostbord, hvor natur og kunst igen forenede sig og fuldendte den nydelse, som de mere æteriske sanser allerede havde modtaget fra Moder Naturs frugtbare hånd.

Klokken 10 blev en 6-årers amerikansk bygget båd bemandet med stærke danske søfolk, hvis dygtighed som sømænd er uovertruffen, og under ledelse af kaptajn Christmas forlod vi Mercurius. Efter at have passeret talrige fartøjer for anker blev selskabet sat i land på Kings Wharf, hvorfra der var små hundrede yards spadseretur under skyggefulde kokospalmer og Tibet-træer til hovedgaden i byen. Selskabet begav sig straks (gennem gader med trængsel af negre af begge køn, af alle størrelser og i forskellig klædedragt) til St. Thomas-guvernørens residens. Vi blev modtaget med stor elskværdighed og hjertelighed af generalma-

* St. Thomas er bygget på tre højder som løber ud fra bjergene, der rejser sig bagved; byen har kun een jævn gade egnet til vognkørsel.

jor etc. etc. Søbøtker og inviteret til middag hos Hans Excellence samme dag kl. 4.

Guvernørboligen er en rummelig og prægtig bygning. Den strækker sig over et stort område og indeholder en umådelig salon på 50×120 fod, der fungerer som modtagelses- og repræsentationslokale, og fra hvis franske vinduer der er en glimrende udsigt ned over byen, over Fats Bay [Fort Bay eller Flat Clays?] med den østlige og vestlige kyststrækning og videre ud til det åbne hav, hvor man aner St. Croix som det yderste punkt i horisonten.

Hans Excellence havde opholdt sig i New York og Boston i 1825 og havde truffet og indledt personligt bekendtskab med General M. og adskillige andre af Nordstaternes fremtrædende personligheder.

Efter at have forladt guvernementspalæet (som guvernøren altid kommer til eller forlader til vogns – og sædvanligvis udmatter han det hesteforspand, der udfører den bedrift at trække ham og vognen op ad den stejle bakke) kunne gæsterne hjulpet af major Sempill og hans venner herrerne Morrison og Neisch sætte sig i sadlen på nogle ponyer. På disse dyr – der er så sikre på fødderne – og ledet af en bereden tjener, begav man sig ad en snoet og skyggefuld vej i retning mod bjergene i øst for at få lejlighed til at betragte byen og bugten fra denne side.

Efter at have passeret »Sørøverudkiggen«, et tårn der ligger på et højdedrag og har fået navn efter sin tilknytning til de pirater, der for ikke længe siden havde samlingssted på St. Thomas, nåede man frem til en høj, *Raphoon Hill*, ca. 3 miles fra byen, og siddende i ruinerne af en stenmølle kunne man herfra nyde udsigten over St. Thomas fra en ny, østlig synsvinkel.

Under opholdet her faldt et par lette regnbyger og en kølig vind blæste ned gennem klippekløfterne, så man atter søgte til pony-erne, der bragte deres ryttere velbeholdne tilbage til byen, hvor-fra de efter et kort hvil atter begav sig på vej mod vest for at lede efter et som en seværdighed meget omtalt stort kapoktræ, der blev nået efter en ridetur på 3 miles.

Enhver af de vandrette grene i denne kolossale vækst ville rejst på højkant i sig selv udgøre et stort og imponerende træ; utallige snylteplanter har fundet rodfæste på træet og danner kunstfær-dige afvigelser både hvad angår vækst og blade.

Efter vor tilbagekomst til byen blev vi hr. Morrison megen tak skyldig for hans venlighed og for et let måltid indtaget i hans ungkarleappartement. Her sluttede major Sempill sig til os igen; han klagede dog over megen træthed, således at øjeblikkelig hvile viste sig nødvendig. Samme major S. havde nemlig spadse-ret op til guvernementsboligen to gange på samme formiddag og havde ydermere udmattet sig ved at aflægge visitter og gøre forretninger i forskellige dele af byen.

Skønt han kl. 4 følte sig bedre, vovede han ikke at byde sig selv den anstrengelse at spise til middag med Hans Excellence. Den upasselighed, som således havde meldt sig, fortsatte, skønt dengang uden nogen farlige symptomer, til den følgende fredag og fik lørdagen den 17. februar en skæbnesvanger ende for denne agtværdige mand, til stor ulykke for hans familie, hans venner og for folk i almindelighed, hos hvem kun én opfattelse syntes at være fremherskende, nemlig den, at samfundet og dets værdi-fuldeste institutioner havde lidt et ubodeligt tab ved hans uven-tede bortgang.

Det er kun nødvendigt at have opholdt sig nogle få timer i be-hageligt selskab med hr. Sempill for udfra personlig erfaring at kunne bevidne, at alle de dyder og artigheder, som er en pryd og forsøder det selskabelige samkvem, var at finde i hans person, ja, var så fremtrædende en del af hans personlighed, at de fik ham til midlertidigt at glemme sin sygdoms kritiske fare for at sørge for de gæsters velbefindende, som han følte i nogen grad var overladt til hans venlige omsorg.

Da vi kom tilbage fra middagen hos guvernøren, følte major Sempill, hvis tilstand tilsyneladende ikke var forværret, at det ikke ville være klogt af ham at følge sine oprindelige planer om at gå ombord i briggen og sejle til St. Jan samme aften; han håbede imidlertid at kunne gennemføre rejsen næste morgen.

Efter rådslagning med kaptajn Christmas fandt man dog denne forsinkelse for utilrådelig, og major Sempill besluttede da at give afkald på besøget på St. Jan, og omgivet som han var af gamle venner og dygtige sygeplejersker fastholdt han at kunne tage vare på sig selv; han ville så gå ombord i briggen, når denne to dage senere vendte tilbage fra St. Jan.

Under denne forudsætning begav vi os ombord; stod ud fra St. Thomas ved 10-tiden og krydsede frem mod St. Jan i løbet af natten. Klokken 7 passerede vi Turner's Point.

Fra Turner's Point bragte en opfriskende brise os på kort tid til *Linster* (Leinster) *Bay*, hvor briggen lod ankeret gå. På dette sted er en vagt på 16 mand under kommando af en officer sta-tioneret for at beskytte planternes ejendomme mod den truende fare fra den nærliggende britiske ø Tortola. Vagten blev afløst af et nyt detachement fra briggen.

Hr. og fru Wallace bebor den mest prominent beliggende plan-tage i Linster Bay, som viste sig at have en rummelig og vel-

indrettet planter-bolig, der blandt andre interessante ting inde-
holdt et omfattende, skønsomt udvalgt bibliotek, tilhørende hr.
Bergh, som bor på St. Thomas og ejer den ejendom, som hr.
Wallace bebor og bestyrer.
Vor gæve kaptajn havde ordnet for os, hvordan vi lettest kom
omkring på øen, og takket være hr. Wallaces anstrengelser blev
der skaffet os heste. På vejen til hr. Kenevills* ejendom kom vi
efter en varm ridetur til *Mahoy Bay*, hvor vi fandt et smukt lille
skyggefuldt sted. Her gjorde vi holdt for at tage et hvil og sendte
en dreng op i et træ efter kokosnødder, hvoraf vi nød den kølige
drik. Under et træ sad en ærværdig og malerisk gammel neger,
kaldet »Afrikaner-Charlie«, og flettede måtter.
Og over bugten så vi på kort afstand omtrent 60 pelikaner i flok.
En mile eller to længere fremme forlod vi hovedvejen for at
skyde genvej over et højdedrag ad en sti kaldet Crook Path
(efter den jernkrog man hænger over muldyrenes ryg til at bære
sukkerrørsbundterne). Zig-zag-vejen op ad skrænten ville ikke
have været ganske farefri, havde det ikke været for poniernes
sikre fodfæste og klatreinstinkt.
Vi spiste frokost hos hr. Kenevill kl. 12 og middag samme sted
kl. 5 – gik ombord i briggen kl. 10 samme aften og lettede næste
morgen kl. 6. Efter at have taget hr. Sempill ombord forlod vi
St. Thomas kl. 10. Torsdag den 15. feb. kl. 5 om eftermiddagen
kastede vi anker i West End på St. Croix.
Her lå den amerikanske fregat Potomac og orlogschaluppen
Preble for anker.

*Med Kenevill tænkes antagelig på Henry S. Knevels, som ejede Beverhoudtsberg, men som
boede i de to sammenlagte ejendomme Susannaberg og Denis Bay. Han var stadshauptman,
medlem af borgerrådet og fungerede som forvalter for Mortons St. Croix venner, major
Sempill og dr. Ruan, som i fællesskab ejede Little Caneel Bay plantagen på St. Jan.

Blandt andre souvenirs fra vor rejse medbragte vi en frugt af
en skruepalme. Den er ca. 14 tommer i diameter og vejer mellem
10 og 12 lbs. Grenen, der bærer den, er støttet af utallige korte
skud, der snor sig fra roden og opefter. I et senere nummer af
the Illustrated News lover vi at bringe vore læsere en tegning af
dette bemærkelsesværdige træ. Skovene på St. Jan er rige på
særprægede planter, og blandt de mærkeligste er en snylter, der
slår rod i toppen af et træ, hvorfra den udsender skud (som man-
ge tynde reb) i lige linier mod jorden. Disse slyngtråde er stram-
me som rigningen på et skib og danner et yderst kunstfærdigt
billede. Da vi banede os vej gennem en tæt bevoksning af træer
og underskov på vej til et vandfald, åbnede de fire negre, der
førte os, med deres økser mange udblik, gennem hvilke man så
disse mærkelige spændte strenge, der stod stramt nedover linde-
eller kornelkirsebærstammerne som betagende kontrast til de
store, svajende blade fra planter, vi ikke kendte navnene på.

Vejret   den 25. feb. 1844.

Vor ø hjemsøgtes den 25. af et usædvanligt vejr med storm og
regn. Klokken 11 blæste vinden frisk fra sydvest. Pludselig sprang
den om i vest, så til nordvest og bragte med sig en syndflod af
regn, som fortsatte i 5 timer med få ophold.
Der faldt mellem 28 og 38 linier vand på plantagerne og genop-
livede det svindende håb hos ejerne. *I kirken* var regnskyllet
også *voldsomt*, men *spredt*. De medlemmer af menigheden, der
sad på nordsiden, blev i rigt mål overstænket af regnen, der gik

gennem taget, og ligeså de, der sad nær prædikestolen og alteret. Hans velærværdighed og de gejstlige holdt stand med en beslutsomhed, der er karakteristisk for religiøs begejstring i alle farefulde og forfølgelses-tider, men vi så, at menigheden for størstedelen skiftede pladser for at søge tilflugt på mere *tørre steder*.

Vind fra vest eller sydvest er næsten ukendt i vintermånederne på denne ø. Kulden under denne storm var *stærk*, termometret faldt nogle steder så langt ned som 74° Fahrenheit, og almindeligvis til 76°! Negerbefolkningen led meget under vejrets *ubarmhjertighed* og sås ofte siddende med hovedet under armene og hænderne omkring anklerne!

Markederne

Forsyningen af levnedsmidler har dette år været langt bedre end sidste år. Den hyppige regn har fremmet kartoffelhøsten, og grønne ærter står fint, skønt ikke i overflod. Der er rigeligt med salater og meget fine yamsrødder, bananer, mangofrugter, æbler, guavafrugter og mange flere, og alt kan fås til rimelig pris. For eksempel kan man for en *»bit«* købe så mange guavaer, som man kan bære. Mango-frugter til en penny dusinet; kokosnødder ligger imidlertid i høj pris, idet få sælgere er villige til at sælge denne frugt for mindre end en *styver* for en sækfuld. Det er ublu, men det er at håbe, at guvernøren vil skride ind og regulere prisen på nødder, ligesom han allerede har gjort det på *brød*.

Der er rigeligt med gode fisk: havaborre og stamsild i overflod, rokker i mindre antal. Mangel på jødefisk, fordi det er fastetid. Doktorfisk, bars og snappere, albulider, pindsvinefisk, muller, djævlerokker og tangspræl basker rundt i bunden af enhver båd, der lægger til, og sætter med deres forskellige farver og mærkelige former liv i fiskemarkedet.

Madame Galanthe Celeste Rothe (Rota), født i *København*, ville have været et perfekt forbillede for Sir Walter Scotts *vidunderskønne Rebecca*, og havde blot Shakespeare set *hendes lige*, havde han ændret et af sine skuespil og fremstillet Hamlet som det *»fugtige, klamme, ubehagelige lig«* i stedet for *»yndige* Ophelia«.

Damen går kun i sit tyvende år og
»hun blomstrer i sin ungdom
med ordløs tale, som kan betage mænd,
og grundigt hun dem frister«.

Hun havde været med sin fader i Afrika og siden opholdt sig i Grækenland samt besøgt de fleste hoffer i Europa. Hun taler flere sprog, hvoriblandt engelsk, med charmerende accent. Hun har ravnesort hår, store skinnende øjne, høj pande og ørnenæse, kort overlæbe, elfenbenstænder, gådefuld mund, svanehals, skrå skuldre, velproportioneret skikkelse og er lidt højere end vanligt.

»Hun har udtryksfulde øjne, hendes læbe,
hendes kind endog hendes fod taler«.

Hun besidder (og mærkeligt om hun ikke gjorde det) overraskende klarsyn og dømmekraft til at erkende og skelne, en åndelig kompetence og en bred almen dannelse, især når hun optræder i den *protestantiske episkopale kirke*, og ejer det sjældne talent at kunne lytte tålmodigt til *disse kloge mennesker*, som andre finder er lidt vel glade for at tale.

Overalt hvor denne smukke undersåt af Hans kongelige Majestæt færdes mellem folk har hun inden for hørevidde alle slags *professioner: kærlighed, jura, lægekunst, gejstlighed og militær*.

THE ILLUSTRATED

St. Croix News
No II, Vol. 1)

Høsten. Den nylige rigelige regn (som er blevet efterfulgt af adskillige byger) har genoplivet planternes håb. Sukkermarkerne viser allerede tegn på at have nydt godt af denne vanding, der kom i rette tid, og græsgangene benyttes på alle plantager til at ernære de muldyr og det kvæg, der anvendes til at *transportere* og ofte til at *male* sukkerrørene. Når vinden er svag, må man benytte *hestemøllen*, og sommetider holdes både vind- og hestemøller igang. Denne brug af muldyr og hjul ved formalingen giver anledning til mange mærkelige og karakteristiske scener. De store flokke på mellem 20 og 30 dyr passes almindeligvis af to halvnøgne drenge, som er bevæbnet med umådelige piske (lange snører bundet til små træhåndtag), og som spejdende står på skråningerne og udfører deres arbejde enten ved at smælde med tungen, så det lyder som pistolskud, eller ved at hoppe, løbe, råbe og piske på dyrenes flanker, når de jager dem ud på eller bringer dem tilbage til græsgangene. Når man rider rundt på øen, møder man overalt disse flokke, især i den tidlige morgen og ved solnedgang. Klapren af hove og drengenes råben varskoer i forvejen, at muldyrflokken nærmer sig, og de små røgtere genner med stor færdighed hurtigt flokken til side, så der bliver plads til at passere.

Et lille stykke vej fra møllen. Når der rejses en vindmølle på en plantage, på en høj i nærheden af fabrikken, er det nødvendigt at bygge en rende fra møllen til kogehuset, ad hvilken saften og de knuste sukkerrør (her kaldet magassen) kan ledes ned.

En rende af denne art på Bellevue Plantagen har et fald på 200 fod eller mere, i en vinkel på 45°. Ned ad denne rende hørtes for nylig en mærkelig rumlende, brølende lyd, som fik negrene til øjeblikkelig at forsamle sig ved rendens udløb. Pludselig fór en skikkelse ud med en fart som et damplokomotiv og med en drabelig skrigen.

Tilskuerne var rædselslagne, men kom dog hurtigt til sig selv, da de så, at det var hverken mere eller mindre end en irsk forvalter, som for hurtigst muligt at komme ned til fabrikken, havde sat sig overskrævs på en bunke magas i den kæmpestore rende, og på den måde, med tab af alle sine yderklæder og noget af sit skind, virkelig havde fundet *en genvej fra møllen!*

INDEX

ACKNOWLEDGEMENTS / KOLOPHON

Publication of this sketchbook evolved not only as a collaboration of the St. Croix Land-marks Society and the Danish West Indian Society, but also through the efforts and con-tributions of many generous and interested persons. The two Societies particularly want to thank the following:

Mr. and Mrs. Walter Lewisohn and Mr. and Mrs. Robert D. Graff who assisted the Land-marks Society in the purchase of the series of St. Croix sketches. Mr. and Mrs. Howard Mott who, as rare book dealers in Sheffield, Massachusetts, not only sold the collection to the Landmarks Society, but also donated an additional four drawings. Mr. and Mrs. Donald N. Mott, also of Sheffield, for permission to reproduce a drawing and a watercolor from their collection.

Seven of the sketches of St. John Island are from the collection of Mr. Laurance Rocke-feller, while the seven sketches of St. Thomas Island are in the collection of Mr. and Mrs. Lindsley R. Bailey of St. Thomas and Chadds Ford, Pennsylvania. All of these collectors most graciously consented to the inclusion of their Morton material in this volume. Mr. and Mrs. Mitchell Kennerley, Jr. of Kent, Connecticut have contributed one Morton watercolor for reproduction: Butler's Bay, which is also used on the jacket cover.

The Morton diary, *The Illustrated St. Croix News,* is from the collection of Mr. and Mrs. Robert D. Graff of St. Croix and Far Hills, New Jersey.

Mr. Euan McFarlane and Mr. Alfred B. Hayes, Chairmen of the Board of Trustees of the St. Croix Landmarks Society and Mr. Einar Kirk, President of the Board of Governors of the Danish West Indian Society also wish to acknowledge gratefully the cooperation of their governing boards and of other members of the Societies who were of assistance. In particu-lar, Mrs. Eja Kirk and Mr. Ingvar Zangenberg, who designed and did the layout of the book and supervised its printing. Mr. and Mrs. Walter Lewisohn, who provided the English text and captions which were translated into Danish by Mr. Palle Birkelund and Dr. Hen-ning Henningsen, who wrote the comparative essay »Amateur Artists on St. Croix«.

Book committee / Bogudvalg:

Palle Birkelund, State Librarian / rigsbibliotekar
Jørgen Elkjær-Larsen, Prefect / amtmand
Henning Henningsen, Museum Director, Ph. D. / museumsdirektør, dr. phil
Einar Kirk, Architect m.a.a. / arkitekt m.a.a.
Eja Kirk, Art Director / art director
Florence Lewisohn, Author / forfatter
Walter Lewisohn, Film Producer / filmproducer
Ingvar Zangenberg, Artist / tegner

Design and layout: Eja Kirk and Ingvar Zangenberg. Maps / Kort: Ingvar Zangenberg
Type: Baskerville
Offset Printing by / Trykt i offset af: canrepro-offset a/s
Bound by / Indbundet af: A/S Poul Adolph
Issue-number / Oplag: 3000

Palm Tree at Høgensborg, St. Croix.

artificial appearance. In making our way through
a dense growth of trees & underwood in a visit to
a waterfall. the four negroes who pioneered us, laid
open with their hatchets many vistas through which
these strange trees chords were seen, bracing down the
trunks of limes or dogwoods. beautifully contrasted with
the large & bending leaves of plants of whose very names
we were ignorant.

25. February. 1844.

... desk & channel. The Rev⁴ the
clergy stood their ground with
the resolution which characterise
Religious Enthusiasm in all cases
of civil & persecution &c. but we
noticed that the congregation very
... generally shifted their positions
... with seeking refuge in "dry places".
... the wind from the west &
south west is almost overhead.
... of during the winter months in
which this island. The cold during the
... gale was excessive — the thermometer
falling in some places as low as
7⁴°! of Fahrenheit. & generally to
76°. The negro population suffered